世界哲學家叢書

柏羅丁

趙敦華著

1998

東大圖書公司印行

國家圖書館出版品預行編目資料

柏羅丁／趙敦華著．-- 初版．-- 臺北市：東大，民87
面；　公分．--（世界哲學家叢書）
參考書目：面
含索引
ISBN 957-19-2195-5（精裝）
ISBN 957-19-2196-3（平裝）

1. 柏羅丁（Plotiinus，204-271）- 學術思想 - 哲學

141.84　　　　87000843

網際網路位址　http://sanmin.com.tw

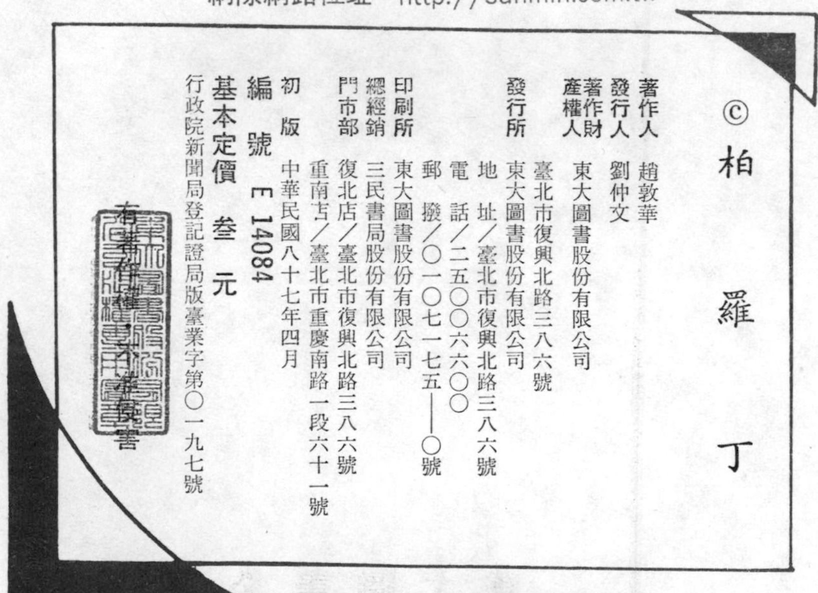
© 柏羅丁

著作人　趙敦華
發行人　劉仲文
著作財產權人　東大圖書股份有限公司
臺北市復興北路三八六號
發行所　東大圖書股份有限公司
地址／臺北市復興北路三八六號
電話／二五〇〇六六〇〇
郵撥／〇一〇七一七五──〇號
印刷所　東大圖書股份有限公司
總經銷　三民書局股份有限公司
門市部　復北店／臺北市復興北路三八六號
重南店／臺北市重慶南路一段六十一號
初版　中華民國八十七年四月
編號　E 14084
基本定價　叁　元
行政院新聞局登記證局版臺業字第〇一九七號

ISBN 957-19-2196-3（平裝）

「世界哲學家叢書」總序

本叢書的出版計畫原先出於三民書局董事長劉振強先生多年來的構想，曾先向政通提出，並希望我們兩人共同負責主編工作。一九八四年二月底，偉勳應邀訪問香港中文大學哲學系，三月中旬順道來臺，即與政通拜訪劉先生，在三民書局二樓辦公室商談有關叢書出版的初步計畫。我們十分贊同劉先生的構想，認為此套叢書(預計百冊以上）如能順利完成，當是學術文化出版事業的一大創舉與突破，也就當場答應劉先生的誠懇邀請，共同擔任叢書主編。兩人私下也為叢書的計畫討論多次，擬定了「撰稿細則」，以求各書可循的統一規格，尤其在內容上特別要求各書必須包括（1）原哲學思想家的生平；（2）時代背景與社會環境；（3）思想傳承與改造；（4）思想特徵及其獨創性；（5）歷史地位；（6）對後世的影響(包括歷代對他的評價)，以及（7）思想的現代意義。

作為叢書主編，我們都了解到，以目前極有限的財源、人力與時間，要去完成多達三、四百冊的大規模而齊全的叢書，根本是不可能的事。光就人力一點來說，少數教授學者由於個人的某些困難(如筆債太多之類)，不克參加；因此我們曾對較有餘力的簽約作者，暗示過繼續邀請他們多撰一兩本書的可能性。遺憾的是，此刻在政治上整個中國仍然處於「一分為二」的艱苦狀態，加上馬列教條的種種限制，我們不可能邀請大陸學者參與撰寫工作。不過到目前為止，我們已經獲得八十位以上海內外的學者精英全力支持，包括臺灣、香港、新加坡、澳洲、美國、西德與加拿大七個地區；難得的是，更包括了日本與大韓民國好多位名流學者加入叢書作者的陣容，增加不少叢書的國際光彩。韓國的國際退溪學會也在定期月刊《退溪學界消息》鄭重推薦叢書兩次，我們藉此機會表示謝意。

原則上，本叢書應該包括古今中外所有著名的哲學思想家，但是除了財源問題之外也有人才不足的實際困難。就西方哲學來說，一大半作者的專長與興趣都集中在現代哲學部門，反映著我們在近代哲學的專門人才不太充足。再就東方哲學而言，印度哲學部門很難找到適當的專家與作者；至於貫穿整個亞洲思想文化的佛教部門，在中、韓兩國的佛教思想家方面雖有十位左右的作者參加，日本佛教與印度佛教方面卻仍近乎空白。人才與作者最多的是在儒家思想家這個部門，包括中、韓、日三國的儒學發展在內，最能令人滿意。總之，我們尋找叢書作者所遭遇到的這些困難，對於我們有一學術研究的重要啟示（或不如說是警號）：我們在印度思想、日本佛教以及西方哲學方面至今仍無高度的研究成果，我們必須早日設法彌補這些方面的人才缺失，以便提高我們的學術水平。相比之下，鄰邦日本一百多年來已造就了東西方哲學幾乎每一部門的專家學者，足資借鏡，有待我們迎頭趕上。

以儒、道、佛三家為主的中國哲學，可以說是傳統中國思想與文化的本有根基，有待我們經過一番批判的繼承與創造的發展，重新提高它在世界哲學應有的地位。為了解決此一時代課題，我們實有必要重新比較中國哲學與（包括西方與日、韓、印等東方國家在內的）外國哲學的優劣長短，從中設法開闢一條合乎未來中國所需求的哲學理路。我們衷心盼望，本叢書將有助於讀者對此時代課題的深切關注與反思，且有助於中外哲學之間更進一步的交流與會通。

最後，我們應該強調，中國目前雖仍處於「一分為二」的政治局面，但是海峽兩岸的每一知識分子都應具有「文化中國」的共識共認，為了祖國傳統思想與文化的繼往開來承擔一分責任，這也是我們主編「世界哲學家叢書」的一大旨趣。

傅偉勳　韋政通

一九八六年五月四日

前言

古希臘哲學在柏拉圖和亞里士多德的著作裡達到了頂巔。亞里士多德之後的希臘哲學史為後人留下了一長串姓名。我們對這些人的了解，或通過拉爾修所寫的《著名哲學家生平和思想》這樣的傳記，或通過現存的有關著作殘篇。著作被完整保留下來的為數很少，現存的完整的希臘文哲學著作就更少了。這一事實為我們現在研究亞里士多德之後的希臘哲學之後續和發展，造成了不少困難和缺憾。或者出於偶然的歷史巧合，或者由於思想界也存在著類似於自然界「優勝劣汰」的選擇法則，不管出於什麼樣的原因，柏羅丁的《九章集》完整地保存至今，而且還附有同時代人為柏羅丁所寫的傳記。這一事實本身就可以說明柏羅丁在希臘哲學史上的地位。

當然，最終能夠使得柏羅丁成為亞里士多德之後最重要希臘哲學家的，是《九章集》的內容和品位。這本書有極高的綜合性、系統性和理論性，它既有柏拉圖式的對話風格，也有亞里士多德式的論證風格，對當時流行的各種派別，如逍遙派、學園派、伊壁鳩魯派、斯多亞派和懷疑派，乃至諾斯替派，都一一加以討論。針對各種不同意見和問題，加以辯駁和論證，使得柏拉圖的學說在與後來學說的競爭中也能取勝。柏羅丁的綜合似乎表述了一個與黑格爾哲學發展觀相反的觀點：柏拉圖學說已經預示或涵蓋了後起哲學體系的一切合理因素。

通過《九章集》，我們可以認識新柏拉圖主義的精神實質和根基。新柏拉圖主義具有濃厚的宗教和神秘色彩，在實踐中經常與一些迷信的或粗鄙的神秘活動有關聯，這已是熟知的歷史事實。我們在《九章集》裡看到，柏羅丁是以希臘哲學特有的思辨精神和求知態度來表達神秘主義的。哲學與宗教，理智與神秘，被他巧妙地整合為一體。新柏拉圖主義的這一特點使他具有很強的歷史適應力和生命力。不管是在宗教信仰占統治地位的中世紀，還是在科學與理性昌明的近代，他都能夠被不同氣質的人們所利用，對宗教、神學、科學、藝術的發展產生過積極的貢獻。正因為如此，《九章集》被視為西方文化寶貴遺產之一，新柏拉圖主義更是西方文化思想傳統的重要組成部分。

有鑒於柏羅丁的歷史地位和《九章集》的重要性，西方學者從上世紀末開始，對他們的這位思想先驅者開展了長期而深入的研究，研究碩果累累。《九章集》已被譯為德文、法文、英文和意大利文，研究者組成了「柏羅丁國際學會」，研究論文、著作和論文集層出不窮。相比之下，漢語學術界對於柏羅丁的研究至少落後了一百年。《九章集》至今沒有被譯成中文，沒有研究專著出版，連專門研究柏羅丁的論文也很少。柏羅丁的名字只是在一些哲學出版物中被偶然提到，在西洋哲學史教科書裡為他留下一段簡介而已。我們不能為此而責備我們的翻譯者和研究者，因為文化傳統的差異，使用中文表達希臘哲學本來就是一樁困難工作，更何況《九章集》又是這樣一本連西方學者也覺得晦澀難懂的經典。即使將來有了《九章集》的中譯本，讀者們仍然需要研究專著的解說，才能理解其中奧妙。在柏羅丁研究還沒有起步的情況下，一般讀者，乃至哲學研究者，更需要一本輔導讀物，能夠通俗而又深入地、全面而又提綱挈領地介紹柏羅丁思想。《世界哲學家叢書》編者不失時機地把柏羅丁列入論題，為漢語哲學界作了一件補厥填空的工作。

本人在寫作《中世紀哲學史：基督教哲學1500年》時，不時感受到新柏拉圖主義對西方學術和文化傳統的影響，產生出對新柏拉圖主義進行一番追根求源考察的興趣。在寫作《西方哲學通史》第一卷時，對希臘哲學的全過程也有涉獵。細讀柏羅丁《九章集》，對其思想綜合性、創新性和深刻性，留下難忘印象。這些因素促使我接受本書的寫作任務。希望該書出版，能起到拋磚引玉效果，引起同仁們對柏羅丁著作的翻譯和研究之重視。

本書的大部分寫作是利用北京大學准予我的休假，在東海大學擔任客座教授期間完成的。沒有這兩所大學提供的良好圖書和研究條件，這本書是不可能完成的。謹在此致謝。

作者　謹識

於東海大學哲學系客座教授研究室

柏羅丁

目　次

第一章　生平、著作和理論背景

柏羅丁(Plotinus)是繼蘇格拉底、柏拉圖和亞里士多德之後的最重要的希臘哲學家，他所開創的新柏拉圖主義不僅深刻地影響了西方哲學的傳統，而且構成西方宗教（主要指基督宗教）神秘主義的思想基礎。柏羅丁的一生充滿著神奇色彩：他既是博學的學者，也是睿智的導師，還是有修行的賢人。他的性格和修養都反映在他的著作裡。我們在這一章首先介紹他的生活經歷以及他所生活的時代的文化環境和理論氛圍。所有這些，都是以後諸章將要論述的理論所不可或缺的注解和背景材料。

第一節　波菲利的《柏羅丁生平》

大多數希臘哲學家的生平都見諸於公元二世紀傳記作家拉爾修(Diogenes Laertius)所著的《著名哲學家生平和思想》一書。但拉爾修身後的希臘哲學家的生平，今人知道得很少。所幸的是，柏羅丁的弟子波菲利(Porphyre)在其師去世30年之後，在編輯完畢其師遺留下的手稿之後，又寫了《柏羅丁生平》一文，與柏羅丁的著作一齊出版。這是我們現在所能見到的關於柏羅丁的最真實、最詳盡的傳記。❶

據波菲利在傳記開始時說，柏羅丁好像認為擁有肉體是一件可羞恥的事。因此對弟子們閉口不談他的出身，也從不慶祝壽辰。波菲利只是告訴我們，柏羅丁卒於羅馬皇帝克勞底斯二世就位後第二年底，終年66歲。由此可推算出，柏羅丁生於公元204至205年之間，卒於270年。另據後來的傳記作家尤納庇斯(Eunapius)在《哲學家與智者生平》一書中提及，柏羅丁生於上埃及的萊考城(Lycopolis)，即現在的阿修特(Assiut)市。但這並不能表明柏羅丁是埃及人，因為自希臘化時期始，很多希臘人和拉丁人移居到中東地區，況且,「柏羅丁」是一個拉丁姓氏。現有證據表明，柏羅丁似乎只懂希臘文，早年在當時希臘文化的中心——埃及的亞歷山大城受教育。由此可以推測，柏羅丁大概是一個希臘化了的拉丁人。這些就是我們可以知道或猜測的柏羅丁的家庭出身情況。

波菲利告訴我們，柏羅丁28歲時，即232年左右，開始對哲學發生興趣，但對亞歷山大城的哲學教師都不滿意。直到次年初，有人把他介紹給一位名叫阿曼紐斯(Ammonius)的哲學家，柏羅丁才心滿意足地說：「這正是我要找的人。」❷他的確沒有看錯人。阿曼紐斯是一位卓越的學者，熟知柏拉圖和亞里士多德經典著作，和學生們一起學習和討論這些著作，告訴他們，兩者並沒有根本差別。柏羅丁被阿曼紐斯的思想和方法所吸引，跟隨他學了11年之久。阿曼紐斯曾是基督徒，後來改宗皈依羅馬國教。他吸引了眾多學生，除柏羅丁之外，還有後來成為著名批評家的郎齊諾 (Longinus)、著名

---

❶ 這篇傳記列在各種版本的《九章集》之前，其中德文譯本載R. Harder所編*Plotins Schriften*, Hamburg: Flix Meiner, 1956，英文譯本見A. H. Armstrong譯，*Plotinus*, Loeb Library, Harvard University Press, 1966.

❷ 波菲利：《柏羅丁生平》，2章。

的基督教教父奧立金 (Origen)，以及另一位也姓奧立金的異教徒。阿曼紐斯除了指導這些學生潛心攻讀柏拉圖和亞里士多德的經典之外，還傳授給他們一些新思想，但又禁止他們向外界透露這些新思想，頗有隱士秘傳之風。波菲利說，柏羅丁和他的同學曾有協定，不得透露師傳。只是後來見到包括奧立金在內的同學們紛紛著書立說，柏羅丁在離開阿曼紐斯10年之後才開始著述。至於阿曼紐斯思想對他的這些著名學生究竟有多大影響，這對現代研究者來說始終是一個謎。

柏羅丁離開自己的老師，是因為他對波斯和印度的智慧發生了興趣。為了能夠到達東方，他不惜投筆從戎，於 242 年參加高迪安 (Gordian)皇帝率領的東征波斯隊伍。高迪安在途中被部下所殺，軍隊潰敗。柏羅丁好不容易才逃脫，先到安條克，後又於 244 年來到羅馬，從此一直在羅馬傳授哲學，直至謝世。

波菲利是在柏羅丁到羅馬19年之後，即263年，才成為他的學生。其時，柏羅丁已是一位負有盛名、眾望所歸的精神導師。在他的門下聚集著一些元老院的貴族，聆聽他的教誨。有一位名叫羅加提安 (Rogatianus) 的元老接受了柏羅丁思想以後，放棄了一切財產，遣散了奴隸，辭去元老院職務，過著樸素節制生活，原來患有的嚴重痛風病因此而被治癒。皇帝加利恩 (Gallienus) 和皇后薩儂娜 (Salonina)對他也很器重。柏羅丁與一些貴族曾計劃在坎帕尼亞省建立一座新型城市，按照柏拉圖《法律篇》裡闡明的理念管理，作為他的弟子和朋友，包括這些貴族和他們的家屬，居住和修行的場所，定名為「柏拉圖城」(Platonopolis)。這實際是仿效當時已在東方流行的基督教隱修院的異教徒的修行院。這項計劃終因加利恩皇帝不批准而擱淺。至於皇帝為什麼阻止這項計劃的原因，現代研究者、德國學者哈德爾(R. Harder)提供了一個比較合理的解釋：原來，皇帝對元老院的貴族們心存戒心，唯恐他們在外地形成新的政治中心。哈德爾還得出這樣的結論：柏羅丁並不像人們通常所想像的那樣是羅馬的官方哲學家和宮廷教師。❸

羅馬宮廷有豢養宮廷哲學家的傳統，這些角色大多由斯多亞派哲學家充當。柏羅丁卻與他們不同。在波菲利筆下，柏羅丁公正慷慨，樂於助人，不但提供精神上指導，而且在人們需要時給予實際的幫助。他的住所和學校向社會各階層的人士開放，連當時受歧視的婦女和基督徒在這裡也不被排斥。由於他辦事公正，人們有爭議時往往請他作仲裁。他的仲裁使各方都能滿意，以致他在羅馬沒有一個敵人。他的貴族朋友如此信任他，以致請他擔任這些貴族兒女的法定監護人和教師，他的住所充滿著男孩和女孩。柏羅丁不但要教育這些孩子，而且要負責料理他們的生活，掌管他們的財產。

柏羅丁在理論上提倡靈魂超脫塵世的神秘主義，在實踐上卻熱心於日常的公眾道德事務。他的生活是神聖與世俗價值的完滿結合。但使波菲利印象最深的，還是柏羅丁所具有的神奇力量。他說，柏羅丁一生只有一個敵人，名叫亞歷山大的奧林庇斯：有一次奧林庇斯施出星象術巫法，傷害柏羅丁，使之感到陣陣腹痛；柏羅丁察知是奧林庇斯所為，便修煉靈魂，使施行在自己身上的魔力反彈到奧林庇斯身上，使之受到更大傷害，不得不停止施法。關於柏羅丁修行的方法，波菲利寫道：「通過沈思和柏拉圖在《會宴篇》裡教導的方法」，柏羅丁「使自己上升到原初的、完全超越的神聖境界。」❹

---

❸ R. Harder, *Entretiens Hardt, V, Les Sources de Plotin*, Vandoeuvres, 1960, pp.320～322.

❹ 波菲利：《柏羅丁生平》，23章。

所謂「柏拉圖在《會宴篇》裡教導的方法」，即通過對不同等級的事物的欣賞、沈思和觀照，逐級上升，最後達到狂迷的境界。在此境界，靈魂被淨化，脫離肉體，以「心靈的眼睛」直接觀照最高的理念，感受到超凡脫俗的精神歡悅。據波菲利記載，在他與柏羅丁相處的6年之中，就見到柏羅丁4次進入這種神秘境界。柏羅丁還有這樣一種本領：在全神貫注地進行沈思時，仍能關注到朋友的情緒，事無巨細，都超不脫他的細心觀察。從一名婦女因丟失項圈而苦惱，到學生聽不懂課而迷惑，他都能及時排憂解難。波菲利本人就是這種本領的受益者。他曾有過自殺的念頭，柏羅丁在思考另一問題時，忽然對波菲利說，自殺不是理性選擇，而是膽汁變黑而產生的念頭，並要他離開此地，改變目前生活方式。波菲利於是於268年來到西西里休養。兩年之後柏羅丁逝世。

第二節　柏羅丁的《九章集》成書經過

柏羅丁逝世31年之後，即301年，波菲利完成了柏羅丁遺留給他的手稿的編輯工作，定名為《九章集》出版。這本書是柏羅丁長期教學成果的結晶。柏羅丁善於啟發學生，時常提出問題，引導學生討論，他再根據學生討論的意見對問題作出答案。這種方法類似後來的士林哲學通行的課堂論辯；作為總結這一教學成果的著作《九章集》也可與士林哲學的教科書形式「論辯集」相類比，只是《九章集》沒有採用標準的回答和正反方論辯形式罷了。

據波菲利說，柏羅丁是在從事教學10年之後，即254年，才開始寫作的。9年之後，當波菲利投入其門時，柏羅丁已完成了21篇供講授和討論用的著作。在波菲利相隨學習期間，柏羅丁又完成了另外24篇著作。當波菲利離開之後，柏羅丁又寄去最後9篇著作，共54篇。

波菲利把這54篇著作分為6卷，每卷9章（篇）。他不是按寫作時間順序，而是按主題之間的秩序來分卷的：從較低級的存在——人開始，逐步上升，最後到達最高本體——太一。下面是波菲利安排的《九章集》的目次，各章標題是波菲利後加的，各章原有的寫作時間順序用括號內數目表示。

第一卷

第一章　什麼是有生命的存在，什麼是人？(53)

第二章　論德性(19)

第三章　論辯證法(20)

第四章　論福祉(46)

第五章　福祉是否隨時間而增加？(36)

第六章　論美(1)

第七章　論首善和其他好處(54)

第八章　什麼是惡？(51)

第九章　論超脫肉體(16)

第二卷

第一章　論天(40)

第二章　論天體運動(14)

第三章　星辰是否原因？(52)

第四章　論質料(12)

第五章　何物潛在地存在？(25)

第六章　論實體或性質(17)

按照波菲利的編輯思想，第一卷主題是倫理問題，第二、三兩卷主題是自然哲學和宇宙論，第四卷討論靈魂問題，第五卷討論心靈問題，第六卷討論的主題有存在、數目和太一。波菲利的目的顯然是要按照從下到上、由易及難的柏拉圖式的辯證法程序，把柏羅丁思想系統化。然而，柏羅丁的著作既然帶有講稿的性質，其內容就不可避免地在主題上相互交叉重疊，重複和穿插之處頗多，不大可能用一以貫之的線索來概括整理。《九章集》的目次表現了波菲利本人的理解，並不完全符合柏羅丁的思想秩序（這一秩序是在講課和討論過程中自然地展開的）。比如，第三卷的二、三章，第四卷的一、二章以及三、四、五章，第六卷的一、二、三章以及四、五章，都論述相同問題，但卻分為「一論」、「再論」，甚至「三論」，這種做法難免使現代研究者懷疑：那些被分為「一論」、「再論」和「三論」的章目，原來大概只是一篇著作；波菲利為了湊足“9”和“6”這兩個他認為是「完善的數字」，才把它們人為地分成兩章或三章。另外，柏羅丁也不是只在最後階段才論及最高本體——太一，自第三卷開始，討論太一的論述不斷出現，其餘重要主題，如「心靈」、「靈魂」、「美」、「善」等，也在不同章目裡多次論及。

出於以上理由，我們不應把《九章集》當作一個現成的體系，不應按照波菲利的編輯思想來理解柏羅丁理論的邏輯線索。事實上，正如不少研究者所指出的那樣，如果按照與《九章集》結構相反的順序，柏羅丁的理論體系可以得到更清楚的理解和解釋。本書所採用的將按這種自上而下的順序來闡釋《九章集》，即，按照本體論、宇宙論和人論的順序，說明柏羅丁包羅萬象的思想的體系性。

在我們解說柏羅丁思想體系之前，我們還必須理解：這一思想體系是在什麼樣的理論背景和文化氛圍裡出現的？它承襲了歷史上哪些學說？與當時流行的其他學說有哪些不同？反映了什麼樣的時代精神？只有了解這些問題，我們才能對柏羅丁思想的創新性和重要性有所認識。

第三節　從學園派到新柏拉圖主義

雖然後人將柏羅丁稱作新柏拉圖主義的創始人，但柏羅丁卻不以革新者自居。他認為自己不過是柏拉圖的忠實追隨者和維護者，並無更新、發展既有的柏拉圖學說之奢想。當時，柏拉圖的追隨者被稱作學園派，他們大多以柏拉圖開創的學園(Academus)為活動中心，代代因襲。柏羅丁與位於雅典的學園沒有聯繫，與學園派成員也無師承關係，在思想上與學園派更不相同。總之，柏羅丁不屬於學園派。與學園派相比，他的柏拉圖主義確有明顯的創新之處或新特點。柏羅丁思想之新，可被概括為以下幾點。

第一，一些學園派，特別是早期學園派，只是柏拉圖著作的注釋者，並無自己的思想。柏羅丁雖然也注重注釋，他講課時通常從柏拉圖和亞里士多德著作的注釋開始，《九章集》也不時提及柏拉圖的對話，但他對這些權威著作的態度不是教條式的，也不是學究式的，而是以獨立思想家的態度和方法，加以吸收、發揮和創造。

第二，一些學園派，特別是中期學園派，把柏拉圖的辯證法當作懷疑的方法，但對所質疑的問題存而不論，因此走上了懷疑主義道路。柏羅丁在教學過程中也使用對話方法啟發學生發問、答疑。但問答的結果總是確定的結論。《九章集》的基本觀點就是這樣達到的。與當時流行的懷疑主義相比，他的學說屬於「獨斷論」陣營。

第三，後期學園派雖然也從懷疑主義返回了獨斷論的立場，但他們的獨斷論具有一種明顯的折衷主義傾向，即，與其他的獨斷論派別，主要是逍遙派和斯多亞派，相合流。柏羅丁也十分重視這些派別的觀點。如波菲利所說，《九章集》包含著大量的斯多亞派和逍遙派論點，並以簡要方式闡述亞里士多德《形而上學》。❺據現代研究者統計，《九章集》有150處直接提及亞里士多德的《形而上學》，至於不提名提及亞里士多德著作處有上千次，提及斯多亞派觀點處也有幾百次之多。❻柏羅丁引用亞里士多德著作一個目的是理解柏拉圖，即，按亞里士多德的解釋來理解柏拉圖思想。但是，他的主要目的是維護柏拉圖，針對亞里士多德對柏拉圖的批評提出反批評。他清楚地認識到，柏拉圖主義的主要對手是亞里士多德主義或逍遙派。在這一點上，他沒有盲從阿曼紐斯關於柏拉圖和亞里士多德沒有根本差異的教導。

總之，從學園派到柏羅丁，標誌著柏拉圖主義的一個新突破。為了理解柏羅丁開創的新柏拉圖主義之新貢獻，這裡有必要對從學園派到柏羅丁思想的歷史演進作一簡略回顧。我們可以把這一歷史過程分成以下四個階段：

一、早期學園派

柏拉圖逝世之後，學園的首領依次為斯庇西甫斯(Speusippus)、色諾克拉底(Xenocrates)、波萊謨(Polemo)和克拉底(Crates)。這些學者都精通柏拉圖學說，不但對柏拉圖公開發表的對話進行注釋，而且對柏拉圖晚年傳授的「未著文字的學說」也加以解釋。據亞里士多德介紹，這一學說主要是數學型相論，以「一」和「不定的二元」(Dyad)為最高的原則，其餘數目型相和事物都來自「一」和「二元」的對立關係。❼斯庇西甫斯對這一原則有明確論述，肯定「一」

---

❺ 波菲利：《柏羅丁生平》，14章。

❻ 見Plotini Opera, ed. by P. Henry and H. R. Schwyzer, V. III, Leiden: E. J. Brill, 1973, Index。

高於存有，因為一切存有都是從「一」與「二元」的對立關係之中派生出來的。還有人則把柏拉圖的理念型相人格化為「魔神」。色諾克拉底就構造了一個魔神學(demonology)的體系。所謂魔神，指包括精靈、天使、鬼怪等高於人，但低於神的實體。色諾克拉底認為有三類魔神：一類是獨立的永存的精神實體，第二類是人的靈魂在脫離肉體之後而形成的魔神，第三類是存在於肉體之中的靈魂，這也是獨立的、有人格的精神實體，在此意義上也是魔神。這些思想都可以在柏拉圖著作中找出依據。比如，柏拉圖在《蒂邁歐篇》把存在於人之中的心靈說成是魔神。❽在《斐德羅篇》裡講述的靈魂如何跌落塵世的神話，更是把靈魂說成是一種低級的神靈。雖然早期學園派沒有脫離柏拉圖傳授的學說，但他們企圖把柏拉圖學說普及化、系統化的努力並不成功，於是逐漸退出歷史舞臺。

二、中期學園派和新學園派

克拉底的學生阿爾克西勞(Arcesilaus)繼任學園首領之後，扭轉了學園派的方向，一般把他的學派稱為中期學園派，作為早期學園派向新學園派的過渡階段。阿爾克西勞對柏拉圖對話的原稿作過仔細的研究，得出了一個新結論，認為早期對話裡蘇格拉底方法才是柏拉圖學說的精髓。在這些對話裡，蘇格拉底不斷提出問題，闡述贊成和反對的理由，但不作肯定或否定的答案。蘇格拉底承認自己無知，阿爾克西勞則說，蘇格拉底其實甚至不知道自己是否無知。他把蘇格拉底方法和當時懷疑主義者皮羅提出的「懸擱一切判斷」的原則結合起來。拉爾修說：「他是第一個通過論證對立面而懸擱

❼ 亞里士多德：《形而上學》，1078b34～1088b14。

❽ 柏拉圖：《蒂邁歐篇》，90A。

判斷的人，也是第一個進行贊成和反對兩方面論證，改變了傳統柏拉圖論述方式的人。通過問答法，他具有更強的論辯競爭力。」❾他強調辯證法問答式的不斷探索過程，反對以任何結論式的判斷中止這一過程，辯證法則是探索的工具。當時的辯證法大師是麥加拉派的迪奧多，阿爾克西勞的辯證法訓練得益於他。因而拉爾修對阿爾克西勞有這樣的評價：「前面的柏拉圖，後面的皮羅，中間的迪奧多。」❿

阿爾克西勞的繼任者是卡爾內亞德(Carneades)，新學園派的正式創立者。他一方面同意懷疑論否定絕對不變的真理標準的態度。另一方面，「由於他本人需要一定的標準，用以指導生活，達到幸福，他事實上不得不採用『令人信服』的印象作為標準，同時以令人信服、沒有改變和充分考察作為標準。」⓫卡爾內亞德的出發點是印象，他把印象分成「好像為真」和「好像為假」兩類，前者為清晰，後者為模糊。但清晰和模糊是相對的。「令人信服」(pithanon)是在通過比較和衡量之後得到的相對可靠的印象。令人信服的印象本身還不是知識，還需要具有相對穩定性（「沒有改變」）和多次驗證（「充分考察」）之後，才能成為知識。後來，西塞羅將「令人信服」這一希臘術語翻譯為拉丁文「或然」(probabile)，以致後人認為卡爾內亞德提出了一種或然性理論。實際上，卡爾內亞德認為，知識所依賴的基礎和標準並不是事物的或然性，而是「好像為真」、相對可靠的印象而已。至於事物本身的存在和性質，對於他而言仍然是不可知的。

---

❾ 拉爾修：《著名哲學家生平和思想》，4卷28章。

❿ 同上，4卷33章。

⓫ 恩披里柯：《反雜學》，7卷166章。

新學園派經過卡爾內亞德之後兩任學園首領克利托馬克(Clitomachus)和拉里薩的費洛(Philo of Larissa)的支持繼續發展。費洛把卡爾內亞德的「信服」發展為一種「認同」的態度，而不像懷疑論者那樣「懸擱判斷」。在他看來，智慧就是通過辯證法選擇一種比其他意見都顯得更正確的意見，並同時承認，自己的選擇可能有錯誤。西塞羅在記述新學園派觀點時這樣表達費洛的觀點：「我們論辯只有一個目標，這就是通過贊成和反對的對話，達到並普及那些真的，或盡可能接近真理的觀點。」⓬這種立場已經脫離了不相信任何真理的懷疑論。

三、後期學園派

費洛的學生安提奧克(Antiochus)繼任學園首領之後，正式結束了中期學園派開始的懷疑主義傾向，返回到柏拉圖的獨斷論。安提奧克批評費洛仍然以人的印象為知識標準，認為這樣做「取消了可知和不可知的標準，因此得出我們不能把握任何東西這一結論，而這正是費洛最不願意接受的立場。」⓭為了克服費洛思想的矛盾之處，安提奧克堅持柏拉圖關於理智和意見（印象）的區分，只有理智才是知識的確定標準和真理的可靠來源。這樣，他就完全回到了柏拉圖主義的立場。安提奧克相信，斯多亞派實質上來源於學園派學說；亞里士多德雖然修改了柏拉圖的倫理學說，但他以及逍遙派和學園派也無根本不同。因此，他的獨斷論調和了斯多亞派和逍遙派，是一種折衷主義。正如恩披里柯所評論的那樣：「安提奧克把斯多亞派移植到學園派，以致人們說他在學園內部從事斯多亞派哲

⓬ 西塞羅：《論學園派》，2卷32章。

⓭ 同上，2卷17章。

學。他經常說明斯多亞派學說表現在柏拉圖之中。」⓮

至於安提奧克之後的學園領袖，我們只知道這些人的姓名，對他們的思想知道得很少。大約在公元一世紀左右時，一個來自亞歷山大城的阿曼紐斯（與柏羅丁老師同名，但不是同一個人）成為學園領袖。他把亞歷山大城的東方文化帶入學園，造成了學園派「東方化」傾向，摻入了一些東方宗教和神秘主義的因素。他的學生是著名的哲學家普魯塔克(Plutarch)。普魯塔克所著的《道德文集》是少數流傳至今的古代哲學典籍，其中保存了各派哲學的寶貴資料。他認為哲學的目標是神學，神是唯一的、純粹的「一」， 其餘事物都是，或者都變成「多」。 他的哲學充滿了宗教主題，如魔神、靈魂不朽、天命、靈魂轉世、罪惡以及神的懲罰，等等。這些主題後來也被柏羅丁所討論。

以上是我們對公元前四世紀到公元二世紀學園派的發展概況作的一個介紹。

四、公元二世紀的柏拉圖主義者

公元二世紀左右，在雅典的學園以外，還有一些著名的柏拉圖主義者。波菲利提到，柏羅丁在課堂上閱讀和討論當時流行的各派哲學家著作⓯，其中提到的納曼紐斯(Numenius)、塞伏拉斯(Severus)和阿提卡斯(Atticus)等人，都是柏拉圖主義者。

納曼紐斯約生活在二世紀下半葉。據後來的新柏拉圖主義者普羅克洛(Proclus)在《蒂邁歐篇注》中說，納曼紐斯認為有「三位神」存在，第一位是父神，第二位是造物主，第三位是被造的世界。對

⓮ 恩披里柯：《皮羅學說概略》，1卷235章。

⓯ 波菲利：《柏羅丁生平》，14章。

於父神，他還用「存有」、「心靈」的概念加以定義。⑯這種「三神論」對柏羅丁思想有一定影響，而且與基督教的「聖父、聖子、聖靈三位一體」的教義也不無關係。實際上，納曼紐斯和當時許多基督教教父一樣，推崇東方人，特別是猶太人的「野蠻人的智慧」，並認為希臘智慧和文化來自東方。他曾說柏拉圖是一個說希臘話的摩西。⑰

塞伏拉斯用數學型相來解釋靈魂，認為靈魂如同柏拉圖在《蒂邁歐篇》裡構造世界的幾何圖形，因而是不朽的；因為靈魂不包含任何可朽部分，如同幾何圖形的點和線是不朽的一樣。他還接受了斯多亞派的範疇，認為最高的範疇是「東西」(ti)，其次才是「存有」和「生成」兩個範疇。⑱

阿提卡斯是普魯塔克的學生陶拉斯(Taurus)的學生。他和其師一樣反對折衷主義傾向，特別強調亞里士多德與柏拉圖的差別，並站在柏拉圖主義立場指出亞里士多德的錯誤，包括：否認靈魂是獨立實體，並繼而否定靈魂不朽；把神與可感世界分裂開來，神對世界沒有任何影響力，和伊壁鳩魯一樣，最後通往無神論，等等。阿提卡斯相信世界是由神創造出來的，因而在時間上有開端。他發揮了柏拉圖在《蒂邁歐篇》的創世論思想，認為在創世之前，存在著原初的質料，此外還有邪惡的靈魂，兩者結合產生出質料的無序運動，一團混沌。造物主的工作是用型相加諸質料之上，以心靈制約

---

⑯ Procli Diaclochi in Platonis Timaeum Commentaria, vol. I, ed. E. Diehl, Leipzig, 1903, pp.303～304.

⑰ Numenius, Fragments, ed. by E. A. Leemans, Brussels, 1937, 10L.

⑱ Procli Diaclochi in Platonis Timaeum Commentaria, vol. I, ed. E. Diehl, p.227, 15.

邪惡的靈魂，使質料按照一定秩序運動，運動的秩序就是時間。質料獲得型相之後即成為具體事物，宇宙就是萬物有秩序的運動和聯繫。

回顧柏拉圖主義的歷史發展過程，我們可以看到，柏羅丁以前的柏拉圖主義者具有這樣一些特點：注重最高的本體論原則，這種原則或者是一（善），或者是二（一與二元的對立），或者是三（「三神論」），眾說紛紜；把柏拉圖的原則和理念人格化，與當時流行的宗教崇拜相結合，連「神魔」、「魔鬼」的概念也成為哲學的題材；堅持靈魂不朽的觀念，並對靈魂的性質和各種可能的形態進行了廣泛的討論；重視創世學說，對世界的起源、時間的性質、事物的運動和構造等問題作了深入探討；與當時流行的各種哲學派別，如斯多亞派、逍遙派、懷疑主義進行對話，或與之融合，或對之進行批判。

柏羅丁繼承了所有上述特點，並把它們綜合在一個完整的思想體系中，從而創立了新柏拉圖主義。他的新學說既總結了以前柏拉圖主義的成果，又在此基礎上推陳出新；既堅持了柏拉圖學說的基本立場，又對以往柏拉圖主義者的思想進行修正，特別是在與亞里士多德學說（逍遙派）和斯多亞派學說的比較、對照中，闡發柏拉圖主義。所有這些都展現了柏羅丁學說的歷史連續性和獨特創造性兩者有機的聯繫。

第四節　柏羅丁思想的宗教背景

柏羅丁生活的時代充滿著宗教精神。他的哲學不僅是對過去的和同時代的哲學的綜合，而且也表現和概括了宗教的時代精神。因此，在闡釋他的學說之前，還有必要知道他的生活的宗教氛圍和他的思想的宗教背景。

在柏羅丁生活的時代，盛行著三種類型的宗教：羅馬國教、基督教和異教。⑲柏羅丁對這三種宗教，都有自己的獨立見解和態度。

柏羅丁的老師阿曼紐斯曾是基督徒，涉入哲學之後才皈依羅馬國教。柏羅丁本人在羅馬時有很多貴族朋友，對羅馬國教當時不陌生，但卻不是國教信徒。他的一個名叫阿邁琉斯(Amelius)的助手擔任羅馬神殿的司儀之職，有一天他請柏羅丁去神殿參拜，柏羅丁卻回答說：「他們（指羅馬國教信徒）應當到我這裡來，而不是我到他們中間去。」⑳在他看來，宗教只是個人靈魂通向神的途徑，而不是一種社會義務，宗教的儀式活動無助於個人的淨化靈魂的修行，充其量只能為個人的宗教體驗提供一個莊嚴的形象。這對於一般民眾也許是需要的，但哲學家卻不需要借助公眾崇拜的形象來達到與神溝通的最高境界。總的來說，柏羅丁不反對宗教崇拜和儀式，但也不盲從，而是以哲學思辨的方式從事自己的宗教修行，自覺地與公眾的偶像崇拜保持某種若即若離的距離。

柏羅丁對異教實踐，特別是東方神秘教派，如迦勒底巫術、埃及星象學，持相似的態度。前面記載的他與奧林庇斯比試巫術並戰而勝之的故事，說明他精通巫術實踐。然而，巫術在他理論體系裡並沒有什麼地位，他對巫術的實踐評價甚低。他在《九章集》裡說，巫術只能影響人的肉體和與肉體相關的低級的、無理性的靈魂，可

---

⑲ 此處「異教」指基督教所指的異教。當然，此種意義的異教也包括羅馬國教。只是羅馬國教在當時占統治地位，我們暫時把它與其他不占統治地位的異教相區分。

⑳ 波菲利：《柏羅丁生平》，10章。

以傷害，甚至殺害肉體；如果低級靈魂的不安影響到高級靈魂，那麼高級靈魂也會用向上的力量（即追求理智和善的「愛」）的反作用來消除巫術通過低級靈魂而產生的拖拽力量。[21]另外，據波菲利記載，柏羅丁有一次被朋友所說服，還去羅馬一座據說神靈經常顯靈的艾西斯神廟去看自己的守護靈的顯現。[22]波菲利沒有說柏羅丁是否真的看到了自己的守護靈的顯現，或有什麼樣的體驗。但是，在《九章集》裡，柏羅丁以「分派給每人的守護靈」為題，專門論述了這一問題。他在那裡說，一個生物的靈魂的淨化決定了他的身份等級，或是動物，或是人，或是精靈，或是神。而靈魂的淨化取決於靈魂自身選擇昇華還是墮落，守護靈並不代替靈魂作選擇。但是，守護靈確實與靈魂有關，他的地位比靈魂高一級，比如，當靈魂由動物上升為人時，人的守護靈就是精靈；當人的靈魂上升為精靈時，其守護靈就是神。[23]他甚至還說，人的守護靈也可能是迷途之精靈，這種精靈仍然會受到巫術的影響和傷害，他所守護的人只是平凡的好人；只有那些特別好的善人的守護靈才擺脫巫術的影響，只受高一級的本體——心靈和太一的吸引。[24]

柏羅丁生活在各種宗教神秘實踐和迷信泛濫的時代，而且，宗教主題已被歷代柏拉圖主義者引入哲學討論。因此，無論在生活中，還是在理論上，他都不能迴避這些問題。柏羅丁的態度似乎是「寧可信其有，不可信其無」，因而對各種宗教神秘活動，包括一些迷信現象都採取了容忍和理解的態度，在《九章集》裡也有關於像星

---

[21] 《九章集》，4卷4章40～44節。

[22] 波菲利：《柏羅丁生平》，10章。

[23] 《九章集》，3卷4章。

[24] 同上，3卷6章，1～5，18～37節。

象術、巫術、神魔、守護靈等主題的討論。但是，應當強調的是，他是用理性的態度來解釋這些問題的，認為公眾的或神秘的宗教活動都不能代替個人內在的修煉和道德實踐。他和柏拉圖一樣，把理智的沈思當作對美的觀照和對善的追求的最好途徑。他所信奉的權威仍然是柏拉圖，而不是宗教崇拜的神。另一方面，我們也應看到，柏羅丁對宗教的態度也為今後的新柏拉圖主義接納更多的宗教神秘實踐和迷信活動提供了一些空間。不論新柏拉圖主義朝思辨的理性化方向發展，還是向流俗的宗教化發展，都可以從柏羅丁的著作中獲得啟發和支持。

至於柏羅丁對當時新興的基督教的態度，我們也只能根據一些簡略的資料作一些推測。波菲利寫道：「在他（指柏羅丁）的時代，有很多基督徒，他們中的一些宗派受古代哲學的影響。」㉕從下文對所謂「古代哲學」的描述（如從古波斯聖賢瑣羅阿斯特 (Zoroaster) 那裡獲得的啟示）來看，這裡所說的基督教派別即諾斯替派 (Gnostics)。波菲利還提到，柏羅丁說過：「我們的一些朋友也持有這一觀點」。㉖很明顯，柏羅丁的周圍有不少諾斯替派。雖然柏羅丁與他們保持著良好的私人關係，把他們當朋友看待。但柏羅丁在《九章集・反諾斯替派》一文裡顯示出來的態度比他反對斯多亞派的唯物主義和伊壁鳩魯派的無神論的主張更加堅決，更加激烈。這大概是因為，諾斯替派與他自己的學說有一些類似之處，有可能與他的思想相混雜，利用他的思想，從而從內部瓦解他的思想。諾斯替派強調靈魂與肉體的對立，主張淨化靈魂，讓靈魂擺脫肉體束縛，通過「靈性知識」與上帝直接溝通；另外，諾斯替派也有把哲學範疇

㉕ 波菲利：《柏羅丁生平》，16章。

㉖ 同上，10章。

神化、人格化的傾向，這些都與新柏拉圖主義相類似。後來的一些新柏拉圖主義也確實與諾斯替派合流。柏羅丁對諾斯替派的戒備與防範不是沒有道理的。

我們知道，諾斯替派只是基督教內部的異端。柏羅丁對諾斯替派的激烈批判並不表明他對正統的基督教會的態度。當時的一些柏拉圖主義者，如塞爾修斯 (Celsus) 寫過《真邏格斯》一書批駁基督教義，波菲利在柏羅丁身後也寫過《反基督教》。但是，柏羅丁對基督教信仰和教義卻持不置可否的態度。從思想內容與價值來看，他的思想更容易被基督教所利用和吸收。諾斯替派對新柏拉圖主義的利用只是短暫的歷史插曲（而且是違反柏羅丁本人意願的），新柏拉圖主義與基督教神學和哲學的聯繫，才是西方哲學和思想史的一條重要線索。早期教父大多受新柏拉圖主義影響，這種狀況直到十三世紀才改變。這一事實足以顯示柏羅丁思想對於基督教的重要性。

第二章　三大本體論

柏羅丁的理論體系從根本上說是一種本體論。在他之前，柏拉圖建立了理念型相的學說，但柏拉圖並沒有把理念型相稱作本體。亞里士多德的形而上學是一般意義上所說的「本體論」(ontology)，但亞里士多德所謂的本體指存有和實體，與柏拉圖的理念型相論不相符合。此外，斯多亞派也有自己的本體論。柏羅丁的任務是要建立柏拉圖主義的本體論。這種本體論既要與柏拉圖的理念型相學說相銜接，又不能因襲亞里士多德和斯多亞派本體論的舊說。為此，柏羅丁重新界定了「本體」概念的意義，提出了三大本體以及它們之間關係的學說，從而建構了一個新的哲學體系。本章擬對這一新柏拉圖主義本體論的基本概念、內容和特點，作一評述。

第一節　「本體」意義辨析

為了區別其他哲學派別的本體論範疇，柏羅丁使用了 hypostasis 這一專門術語來表示自己哲學最基本的範疇。這一術語的意義與其他希臘哲學術語意義都不盡相同，因此令現代研究者感到理解和翻譯的困難。勞耶德・吉森(Lloyd P. Gerson)在其新著中說，這一術語的意思相當於希臘哲學家所說的 archai，並將之譯作英文的

principle。❶另一位注釋者奧布里恩(Elmer O'Brien)在解釋這一術語的意義時則說：「不加翻譯地使用這一術語倒是一個好想法，因為柏羅丁的用法並不表示常用英語術語，如實體、現實存在、論理、人格，等等意思，但有實在的『超越的根源』(transcendent source)之意。」❷

這兩位學者都正確地看出，hypostasis含有最初的來源之義，這正是 archai 這一希臘哲學範疇的含義。什麼是世界的本原？可以說是早期希臘哲學家共同面臨的問題。早期自然哲學家的回答是：水、氣、火、元素、原子；畢達哥拉斯派的回答是數，巴門尼德的答案是存有，柏拉圖的答案是理念原型。雖然眾說紛紜，但一個總的說法是相同的，即，本原是具體的實在，而不是抽象的原則或思想的依據。柏羅丁也明確地說，如果hypostasis「不在一切調和與複合之外，那它就不是本原(arche)了」。❸可知他是把 hypostasis視作本原的。但這種意義上的本原也是具體的實在。更為重要的是，作為本原的最高實在，是有人格的，被說成是神，或是神聖個體。如果把hypostasis譯為「原則」，那麼，它所具有的實在性、個體性和具體性就失去了。

再來看「超越的根源」的譯法。hypostasis確是世界萬物的根本原因和來源。但是，hypostasis 並不是與它所造成的結果的相分離的獨立存在的原因。它不像亞里士多德的「第一推動者」，只提供最初的源泉，而是始終在一切事物中起作用，既在超越世界的事物中起作用，又對世界之中的事物起作用。通覽《九章集》，hypostasis

---

❶ L. Gerson, *Plotinus*, Routledge, London, 1994, p.3.

❷ E. O'Brien, *The Essential Plotinus*, Hackett, Indianapolis, 1964, p.216.

❸ 《九章集》，5卷4章1節。

所作用的對象有智慧（1卷4章9節）、質料（1卷8章15節）、愛（3卷5章3節）、時間（3卷7章13節）、數目（6卷6章5節）、運動（6卷6章16節）和關係（6卷1章7節），等等。由此可見，hypostasis既不全然超越萬物，又不僅僅只是根源而已，而是既超越，又在萬物之中自始至終起作用的原因和統攝力量。

為了表示 hypostasis 這種本原的具體性和個體性，以及無所不在的作用，我們建議將之譯作「本體」。當然，這一中譯概念也會遇到麻煩。因為「本體」是我們現在常用的概念，不一定有柏羅丁所說的那些含義。更麻煩的是，現在很多場合都把亞里士多德所說的ousia（即英文的substance）譯作「本體」。現在將hypostasis譯作「本體」，是否會混淆它與ousia的區別呢？很顯然，「本體」譯法所遇到的問題不僅僅是翻譯上的技術問題，它涉及對柏羅丁與亞里士多德本體論的理解。這不僅是中國人使用中文表達希臘哲學所遇到的問題，也是西方哲學和思想史的一大難題。這裡有必要把hypostasis與ousia的意義作一辨析，以便用恰當的中譯概念來表達與區分兩者。

ousia是希臘文「是」(einai)動詞的名詞形式on的陰性。我們一般把on（即英文的being）譯作「存有」或「存在」（其實更準確地說應是「是者」），而把ousia譯為「實體」或「本體」。實際上，就原來的意義而言，ousia指「是某個東西」，如亞里士多德所說，它的意義來自「是者」。❹因此，形而上學的首要對象為「是者」（或存有），而不是實體。「實體」的意義是從「是者」歸納而來的，是對存有的具體闡述。形而上學又被稱作「本體論」(ontology)，但此處與中文「本體」相對應的希臘詞是“onta”（即on的複數形式，而

❹　亞里士多德：《形而上學》，1003a33～b10。

不是ousia)。根據這些理由，我們不把ousia譯作「本體」。

然而，ousia與hypostasis的意義又是密切相關的。亞里士多德在《範疇篇》和《形而上學》裡都提到，ousia是「主體」或「基質」(hypokeimenon)。❺從構詞法上看，hypokeimenon和hypostasis都有「在……之下」(under)之意，其原義分別是「躺在……之下」和「站在……之下」。兩者的哲學含義都是：萬事萬物所依靠的基礎。不過，亞里士多德對hypokeimenon的意義所作的說明含糊不清，並有矛盾。在《範疇篇》裡，把它說成是個體的實體，如一個人，一匹馬，等等。在《物理學》裡，說它是質料，但在《形而上學》裡，則又明確說它是本質和形式。❻後來的斯多亞派也用這一詞，乾脆把hypokeimenon說成是質料、形體。❼

知道了與hypostasis相關的一些希臘哲學術語的意義，我們便不難理解柏羅丁為什麼不採用那些術語，而選擇自己獨特的術語來表達最重要的思想。首先，hypostasis與hypokeimenon雖然原來意義很接近，但後者既然已被逍遙派和斯多亞派用來表示可感事物或者它們的質料、形體。站在柏拉圖主義的立場，柏羅丁當然不能承認hypokeimenon是最重要的基礎和依據。另外，hypostasis也不是ousia。因為ousia是從「是者」的意思來的，表示「所是的東西」。而「所是的東西」不一定是具體的、個別的東西，它也可以是無形的、普遍的東西。比如，亞里士多德就動搖於兩者之間，有時說「第一實體」是個別事物，有時又說「第一實體」是無形的本質。柏羅

---

❺ 《範疇篇》，2a11～17；《形而上學》，1017b25。

❻ 關於這些種種不同說法，可參閱拙著《西方哲學通史》，第一卷（北京大學出版社1996年出版），頁173，185，213～215。

❼ 同上，頁280。

丁使用hypostasis，強調它是首要的個體，且具有人格。這些意思顯然是ousia所沒有的。更為重要的是，hypostasis比ousia乃至on更加根本、更具有「本原」的意義。關於首要的hypostasis（即我們後面要說的「太一」）的根本性，柏羅丁有這樣的說明：

> 它可以說超越所是的東西(ousia)❽
>
> 正因為依靠一，所是的東西才是東西，除了一個東西之外，還能是什麼嗎？除去一，它就不再是什麼東西了。任何東西失去一，也就失去其所是。❾（著重號為所加）

柏羅丁在這裡論辯，「所是的東西」(ousia)如能被指示、被表述、被認識，需要依靠一些先決條件，比如說，它必須是一個統一體，或者說，必須歸屬於一。因此，「一」比「所是的東西」更有資格成為本原。

出於上述理由，我們把柏羅丁理論體系最重要的概念譯為「本體」。這個詞的每個字都有特別意義：本者，本原也；體者，具體或個體也。合而稱之，本體即個別的、具體的本原。ousia則不是這種意義上的本體，表示「實際存有的東西」（「所是的東西」）。根據不同的解釋，實際存有的既可以是個體，又可以是本質。在前一種情況下，譯作「實體」，在後一種情況下，譯為「實質」。至於hypokeimenon，雖然與hypostasis意思相似，但在使用中已與可感事物的形體、質料相關，當然沒有「本體」的意義，可譯作「基體」或「基質」。

---

❽　《九章集》，4卷1章10節。

❾　同上，6卷9章1～2節。

上述譯法涉及對柏羅丁與其他希臘哲學家，尤其是亞里士多德的思想分歧。因而不單只是人為的規定，而是根據對希臘哲學術語意義的理解，選擇出的與之相應的合適的中文術語。這對於我們用中文來表述和理解柏羅丁的思想，是一項至關重要的基礎性工作。

需要提及的是，對於柏羅丁使用的hypostasis的特殊含義及其與ousia的區別，即使是當時的希臘人，也並不十分清楚。一個重要例證是，柏羅丁去世約半個世紀之後，即公元325年召開的尼西亞會議所通過的肯定上帝「三位一體」說的信經，是表達基督教信仰最重要的文件之一。然而，尼西亞信經卻不加區別地使用ousia與hypostasis。如果按照我們的譯法，hypostasis為「本體」，ousia為「實質」，則尼西亞信經有這樣的語句：聖子「從父的實質產生」，「與父同質(homoousia)」，那些「說上帝的兒子所具有的是與上帝不同的本體或實質」的人為異端。❿由於這兩個重要概念的混用，竟引起了長達一百多年之久的神學爭論。如果聖父、聖子、聖靈既是相同本體，又是相同實質，那麼究竟如何區別這三者呢？有的神學家說，三者雖然同質，但卻是三位本體，這等於說存在著三個神，這是阿里烏斯派「三神論」的異端。有的神學家說，三者是同一本體，但卻不同質，只是「實質相似(homiousia)」而已，這又出現了違反尼西亞信經的各種異端。直到451年召開的查爾西登會議上，通過了「聖父、聖子和聖靈是同一實體、三個位格」的教義，才避免了更大的混亂和分裂。拉丁教父用拉丁文substantia代替ousia，「同一實體(substantia)」既有本體相同，又有實質相同之意，符合尼西亞信經中「聖父與聖子具有相同本體或實質」的教義。另一方面，他們

---

❿ 引自G. F. 穆爾：《基督教簡史》，郭舜平等譯，商務印書館，北京，1989年。

又用拉丁文persona（位格）代替希臘文hypostasis，從而把聖父、聖子、聖靈從位格上區別開來。「位格」當然不同於柏羅丁所說的hypostasis，但還保留了後者所指示的「具體」、「自身同一」的蘊意。由於用persona代替hypostasis，同時又把hypostasis具有的「本體」之意併入substantia，拉丁文中缺乏與希臘文hypostasis相對應的詞彙，結果是現代西文中也沒有與之相應的詞彙。這給現代研究者理解和表述柏羅丁思想造成很大困難。好在中文是與拉丁文和現代西文不同的語言系統，我們可以在釐清這個希臘概念的意義之後，為它規定一個相應的中文概念「本體」，同時說明這個「本體」不同於人們在談論「實體」(substance)或「本體論」(ontology)時所說的意思。這是我們在理解柏羅丁思想體系時首先應當注意的概念意義分析。

第二節　第一本體——太一

柏羅丁所說的本體有三，分別稱之太一、心靈和靈魂。太一是首要本體。為什麼說太一是首要的？在何種意義上它是第一本體？對於這些問題，柏羅丁有以下論證和說明。

首先讓我們還是從語言意義談起。「太一」是希臘文to en的中譯。en的意思是「一」，to是一個定冠詞，在「一」的前面加上定冠詞（相當於英文的the One）表示所指示的不是一個數目，而是一個統一體。

在柏羅丁之前，亞里士多德在《形而上學》裡說明，「存有」（或「是者」）無所不在，先於其他學科研究的對象；一切東西首先必須「是」某一個東西，然後才能成為人們繼續認識和研究的對象，由此證明哲學研究的首要對象是「存有」。他並且認為，「一」和「善」都是「存有」的本質屬性。他說：「存有和一是同一的，因為兩者如同本原和原因那樣相互蘊含。」⓫後來的亞里士多德者把「一」和「善」稱作存有的「超越屬性」，意思是：一和善超越種屬的性質，和存有一樣普遍（存有不屬於任何種屬）。很明顯，亞里士多德者把存有與一和善之間的關係視作本原和本性的關係，兩者雖然沒有時間上的先後關係（因為凡是存有者都同時具有一和善），但卻有邏輯上的先後關係。從邏輯上說，任何一樣性質，都要依附於某個東西。一和善之所以「是」某種東西，就是因為它們附屬於「存有」（這裡注意：「是者」和「存有」在希臘文中是同一詞）。因此，存有是一和善存在的先決條件，也是認識一和善的前提。

我們之所以在這裡比較詳細地介紹亞里士多德的論證，因為在此顯示了亞里士多德與柏拉圖的原則性區別。柏拉圖認為，善是一切存有的源泉。他說：「知識對象（指理念——譯者注）不但從善那裡獲得它們的可知性，並且也從善那裡得到自己所是之處。善本身卻不是一個所是的東西，它的尊嚴和統攝力量都超過所是的東西。」⓬這裡「所是的東西」即「存有」。可以看出，亞里士多德後來在討論「存有」和「善」的關係時，是針對柏拉圖而發的，他否認了善是存有的源泉；相反，存有是善的先決條件。

了解到柏拉圖和亞里士多德在本體論領域的分歧，我們便可知道柏羅丁的基本立場是維護柏拉圖主義，同時又在與亞里士多德主義的論爭中把柏拉圖主義推進了一大步。柏羅丁的思路大致是這樣

⓫ 亞里士多德：《形而上學》，1003b24。

⓬ 柏拉圖：《理想國》，509b9。

的：首先，他把柏拉圖學說中論述的「一」提升到最高本體。「一」本來只是柏拉圖所謂的六個「通種」(gene，即普遍理念型相）之一，與另一個通種「存有」處於平等並列關係。柏羅丁為了與亞里士多德的形而上學體系抗衡，論證了「一」先於、高於「存有」。最後，他又把「一」和「善」等同起來，從而維護了柏拉圖關於善的尊嚴和統攝力量都超過存有的基本觀點。

關於「一」與「存有」的關係，柏羅丁有這樣論述：

> 如果一個東西失去其統一性，它將不復存在。因此，我們要來看一看，個別的一與個別的存有是否相同，普遍的存有與普遍統一性是否相同。一個個別事物的存有可以有多樣性，但是，一卻不可能是多，因此可看出存有和一是不相同的。很明顯的是，「人」、「生物」、「理性」是多種成份，這些多樣性被一聯結成整體。因此，「人」和「一」是不同的：人有部分，一卻沒有部分。再者，普遍存有包含著一切存有物，具有更大的多樣性，因而也與一不相同，但因分享和分有一而具有統一性。再者，存有也有生命，而完全不是一形體，存有因而是很多東西。如果存有是心靈，它必定為多；如果存有包含型相，它更是多了，因為理念還不是一，而是數目。每一個單獨的理念和理念整體在世界是一的意義上，都是一。⓭

柏羅丁在這裡反駁的是亞里士多德關於「存有和一是相同」的論斷。柏羅丁立論根據是一與多的關係。一與多的關係始終是希臘哲學的

⓭　《九章集》，6卷9章2節。

一大主題，哲學家們的普遍認識是：多中有一，一統攝多，多分有一。柏羅丁從幾個層次上論述了存有是多，而不是一。如果存有是分別事物，比如一個人，那麼它是多種成份或部分的統一，如「人」有「生物」、「動物」和「理性」等規定性，需要統一性，即一。如果存有是普遍本質，那麼它分佈在各種各樣事物之中，也需要統一原則把不同事物的相同本質辨別出來。同理，如果存有是心靈、理念型相，那麼它們表現為多種型態，需要統一性成為整體。

雖然在上文柏羅丁把「一」理解為統攝多、聯結多的統一性，但「一」不完全等同於統一性。「一」(to en)這個詞有時指普遍的、無所不在的統一性（相當於英文oneness），有時指單獨的個體（相當於英文the One）。在後一種情況下，我們譯作「太一」。應當注意的是，柏羅丁所說的「一」，主要指單獨的本體「太一」，普遍的統一性是太一本體的應有之義，但不能把「一」僅僅理解為統一性，否則它就只是寓存於「多」之中，而沒有自身的獨存。

柏羅丁不但證明「一」不等於「存有」，而且證明「一」先於、高於存有。我們可以看到，在下面這個證明中，「一」指一個單純、獨立的本體。

> 在一切事物之先，必有一單純東西(aplomn)，它與後來之物不同。它獨立自存，與那些它所派生出來的事物不相混合，並又能以不同方式在這些事物中保持同一。作為真正的一，它不是不同的存有之後的一。我們甚至不能正確地說它是一，因為沒有關於它的概念和知識。它可以說是超越所是的東西。如果沒有這樣一個外在於一切調合整合的單純東西，它將不是本原。正因為它是單純的，它是最自足的。⑭

柏羅丁在這裡區別了「多之前的一」和「多之後的一」。後者指在事物多樣性之中發現或概括出來的一，這可以說是知識論意義上的一。本體論意義上的一是不依靠其他任何東西的自存和自足。「太一」就是這樣自存自足的主體，太一絕對單純，不包含部分，也不和其他事物相混合。因為，任何複合的東西，任何多樣性都是相互依存的，它們歸根到底都依靠一個不再依存其他任何東西的單純的東西。結論因而是：太一是一切存有之物的源泉。柏羅丁的這一論證，與中世紀時由阿拉伯哲學家阿維森納(Avicena)開創的，由聖多瑪斯(St. Thomas)完成的，用事物的他因追溯自因存在的關於上帝存在的證明，在思路上是一致的。「太一」可以說就是後來哲學家所說的單一的自因。當然，我們看到，柏羅丁並不否定「一」也可以是存在於「多」之中的統一性（「又能以不同方式在這些事物中保持同一」），但是，「一」首先是先於事物的本體，從中派生出萬物之後，它才能繼續在這些事物之中發揮探統一性的作用。

當柏羅丁說太一高於存有（「超越所是的東西」）時，他深知這種說法可能會導致一個困難。即，如何對太一作出判斷。我們知道，「存有」的本義為「所是的東西」，一切判斷都要用「是」來表達。如果太一高於（超越）存有（所是的東西），那不啻說，我們甚至不能說太一「是」或「不是」什麼樣的東西。正因為如此，柏羅丁在上文中承認：「我們甚至不能說它是一，因為沒有關於它的概念和知識。」柏羅丁後來更明確地說，我們現有的概念和範疇都不適用於太一：

因為太一產生出所有東西，它不可能是它們中的任何一個：

---

⑭ 《九章集》，5卷4章1節。

> 既不是事物，又不是性質，也不是數量，不是心靈，也不是靈魂；它既不在運動，又不靜止；既不在空間中，又不在時間內。它在自身齊一，或者說，它是先於形式、運動和靜止的無形式。形式、運動和靜止都是存有的特徵，使得存有多樣化。⓯

在他看來，所有概念和範疇都是區分。只有本身含有部分的東西才能被區分，被概念和範疇所限定。存有的東西是複合的、多樣的，因而可以使用概念和範疇來判斷它們「是」某個什麼樣的東西。但這種認知方式對於單純的、因而不可區分的太一就不適用了。當柏羅丁說很難肯定太一是什麼的時候，他還是在強調一與多、單純與複合、齊一與區分的差異，強調太一不但在邏輯上，而且在認識秩序上，先於存有。但這並不是說，太一是不可知的。他畢竟要對這個難以用通行方式表達的對象，表達出一些非說不可的重要觀念。他於是說：

> 我們如何說及它呢？我們確實對它說及了一些東西，但我們肯定不是在說它。我們對它既無知識，又無思想。如果我們不能在知識中獲得它，那麼我們是不是對於它一無所有呢？我們通過說及它，而不是通過說它而有所得。我們說它不是什麼，而不是說它是什麼，於是，我們從來自於它的東西說及到它。⓰

⓯ 《九章集》，6卷9章3節。

⓰ 《九章集》，5卷3章14節。

「說」是直接的表述，「說及」是間接的表述。柏羅丁的意思是，我們雖然不能直接表述出關於太一的知識，但卻可以透過太一所產生出的存有，間接地把握太一。這種間接的表述方式既可以是否定的，如說太一不是存有，不具有存有的種種屬性，如性質、數目、時間、空間、運動、靜止，等等；但這也可以是肯定的，即由果溯因，「從來自於它的東西說及到它」，從太一的派生物所具有的性質推斷它必定有更高級的性質。比如，我們在前面看到，柏羅丁從複合物不能獨立自存而推斷出它們必定有一單純的自因，這就是肯定的間接表述的一例。

用同樣的方式，柏羅丁從存有事物的依賴性推斷出太一的自足性，從存有事物的不完滿性推斷出太一的完滿性，從存有的有限力量推斷出太一的無限力量，從存有事物的短暫性推斷出太一在時間上的永恆性，從存有事物的固定型相推斷出太一的無限型相（此處「無限」指沒有邊際和界定，即所謂「無形之相」[amorphon eidos/formless form]⑰），從存有事物占據的固定位置推斷出太一無所不在而又無處居駐。

除了說及上述屬性之外，柏羅丁說及太一時最常用的詞彙是「善」。幾乎在每一卷中，他都說及太一和善的等同性。善不是太一的屬性，而是太一本身。他看到，把善作為最高本體，這是柏拉圖的根本立場。他這樣解釋柏拉圖的著作：

> 他（指柏拉圖——作者注）談及「原因之父」（見柏拉圖：《第6封信》，323d4——作者注）。這裡「原因」指心靈，因為他認為心靈是造物主。

---

⑰ 見《九章集》，6卷7章33節。

> 他說，善高於心靈，也「高於存有」（見柏拉圖《理想國》，509b9——作者注），是原因（心靈）之父。他多次提到，理念是存有和心靈，因此，他認識到，心靈來自善，靈魂來自心靈。這實際上並不是新學說，從遠古時代就傳授這些說法了。我們的說法不過是解釋這些在柏拉圖著作裡已被證明了的古代的早期學說。⑱

柏羅丁把他所闡明的太一等同於柏拉圖所說的善，以此表明自己恪守柏拉圖立場。他甚至把「一即善」的學說追溯到柏拉圖之前的巴門尼德和阿那克薩戈拉，未免有牽強附會之嫌。至於他僅以解釋者自居，也不能掩飾他對柏拉圖思想的擴展與發揮。首先，如前所述，柏拉圖並未把善等同於一，一只是柏拉圖所謂的通種之一，而善卻是包括通種在內的一切理念的源泉，兩者顯然不能等同。更重要的差別還在於，善在柏拉圖那裡只是最高的原則，或最高理念，可以太陽來比喻善；柏羅丁卻賦予善以某種人格。當然，這並不是說他賦予善以人的形象或人的意念，而是說，善具有崇高無比的思維力量和意志力量。正是在這種生命力量的意義上，善被賦予人格。

當柏羅丁談及善或太一的思維力量 (katanoesis) 或意欲 (hypernoesis)時，顯得十分謹慎，因而意思比較含糊。他的擔心是有道理的，因為一般在談論思想和意志時，總不免要談論思想對象和意欲對象，這樣就有了內外之分。但是，太一無所不在，無所不包，不能對它進行內外之分，豈止如此，一切區分都不適用於它。因此之故，柏羅丁把以區分為前提的思想和意念歸諸比太一低一級的心靈本體。但是，另一方面，為了說明太一的人格性，他又不得不談及

⑱　《九章集》，5卷1章8節。

其思維和意欲力量，不得不小心翼翼地避開一切可能出現的區分，以保持太一的單純性和同一性。

關於太一的思維性，柏羅丁提出了一系列疑問：

> 太一不是一個心靈存在。如果是那樣的話，它將分為二元。它是不動的，因為它先於運動，也先於思想活動。那末，它能想些什麼呢？它是否想自身呢？如果是那樣的話，它在思想之前就會有一個無知狀態，自足就只能在思想中才能達到。……但太一於自身之中，對任何東西既不知道，也不無知。它就是自身，根本不需要知道自身。⓳

柏羅丁在這裡否認太一的思維有意向性，即，針對某一對象而思想。他特別反駁了亞里士多德的觀點。據後者說，神是純思想，以自身為思想對象。柏羅丁反詰道：「知道自身」是相對於「不知道自身」而言的，仍然蘊含著「知」與「無知」的區分，因而這種說法不適用於太一。正確的說法應該是：太一始終是自足的，它不需要知道什麼，也不缺乏什麼。它不需要知道什麼，因此沒有任何思想對象，太一也不會以自身為思想對象；它不缺乏什麼，當然也不缺乏思想。問題是：沒有思想對象的思想究竟是什麼？對此，柏羅丁回答說：

> 排除了既不思想自身，也不思想他物這兩種情況，太一就不像那些思想者，而像思想行動。思想行動自己不思想，而是使得某些存有者思想的原因，原因不等同結果。因此，這個一切存有物的原因不可能是它們其中的任何一個。因為它是

⓳ 《九章集》，6卷9章6節。

> 一切「好」的原因，它甚至不能被稱作「好」，但在另一種意義上，它終歸是善。[20]

這裡的「好」與「善」是同一詞agathon (即英文good)。「好」(good)是存有物的程度不等的優點，包括倫理之善。但太一的善是「善本身」(to agathon/the Good)，是本體的絕對完善和圓滿，是生命之源、力量之源。按希臘人的傳統觀念，思想是生命活動的頂點，太一的善當然也是思想之源。惟其如此，太一的思想不是任何思想者。因為思想者處於與思想對象對立的地位，而太一的思想則是融合了思想者與思想對象的區別的純思想活動。

關於太一的意欲，柏羅丁也有類似的論述：太一沒有任何可欲對象，但卻是一切存有物「向上的意欲」的原因，因而也可以說是純意欲活動。用他的話來說：

> 太一並不欲求我們，並不圍繞我們轉。事實上，我們總是圍繞太一轉，只是我們看不到這一點而已。[21]

柏羅丁對太一的善還作了這樣的說明：

> 它是萬物所依賴的，是「所有存有者都欲求的」，他們都以此為本原，並需要它。[22]

---

[20] 《九章集》，6卷9章6節。

[21] 《九章集》，6卷9章8節。

[22] 同上，1卷8章2節。

綜上所述，太一是一切存有的本原，尤其是生命之源、運動之源。生命和運動在希臘人心目中總是一種優越性，具有某種善性。正是在此意義上，太一等同於善，即絕對的圓滿和完善，包括最高級的生命運動——思維和意欲活動。柏羅丁在闡述太一的思維和意欲時，仍然使用由果溯因方法，即，由存有者，特別是人的思維和意欲的優勢性推斷太一的思維和意欲之善。這種方法在哲學史上稱作類比方法。亞里士多德曾用此法，由具體存有物說明「存有」的一般意義。中世紀神學家也常用人的性質來類比上帝的屬性。但類比方法的正當性在歷史上也曾受到質疑，如有人認為：在人與上帝，有限與無限，結果與原因之間並不一定存在類比性，後者超越前者，具有前者不可比擬的、人不可認識的性質。在柏羅丁時代，類比問題並沒有引起人們關注。柏羅丁可以說是不自覺地運用類比方法，採用由果溯因的徑路來說明太一的性質。類比法不可避免造成某種擬人化傾向。柏羅丁賦予太一以思維和意欲，把本體之善人格化。但是，另一方面，柏羅丁也像後人那樣意識到這種方法的局限，他一再提醒注意太一和存有的差別，太一所具有的思維和意欲不同於人類思維和意欲。人格化的太一或善並不是宗教信仰的對象，如人格化的上帝。柏羅丁對最高本體的論述，一方面遵循希臘哲學反對神人同形同性論(anti-anthropomophism)的傳統，不屈服於當時流行宗教的偶像崇拜；另一方面也不像以往的思辨哲學家把本體抽象化、理智化，完全沒有任何人格。他的最高本體論可以說是希臘思辨哲學與既反對偶像崇拜，又恪守上帝位格的基督教之間的一座橋樑。正如一位評論者所指出，柏羅丁把太一人格化的做法既是「超人化」(suprapersonal)又是「半人化」(semi-personal)。[23]這應該與各種擬

---

[23] 見 J. M. Rist, *Eros and Psyche*: *Studies in Plato*, Plotinus and Origen,

人化的哲學與宗教區別開來。

第三節　流溢說

太一既是萬物之源，它是如何創造出萬物的呢？這是柏羅丁在闡述了太一的各種性質之後面臨的一個重要問題。這個問題包括兩個方面：第一，太一為什麼要生成事物？第二，太一生成出什麼樣的事物？讓我們來分別考察柏羅丁是如何解決這兩個問題的。

關於第一個問題，柏羅丁用「流溢」(reo/flow)這個比喻說明太一的生成力量。這一比喻有兩方面意義。其一，太一的生成不是外求，因為太一是完滿自足的，不需要向外追求任何東西。他說：

> 我們可以說，生成的最先活動是太一的完善，因為太一既不追求任何東西，不具有任何東西，更不需要任何東西，它的完滿充溢出來，造成那些不同於自身的東西。[24]

柏羅丁說，物滿自溢，這個道理連無生命的事物也要遵從。無生命的事物尚且盡可能地滋生繁殖，何況那最完善的太一呢？他說：

> 火從自身產生出熱，雪不把冷包裹在自身之中，香的事物更是如此。只要它們存在，就要向周圍散發出一些東西，靠近它們的東西也會分享到它們的存有。任何接近於完善的東西都生成，太一是最完善的，因而永遠生成另外的東西。[25]

University of Toronto Press, 1964, pp.86～87.

[24] 《九章集》，5卷2章1節。

另外，太一是善，總是會施捨，造福，「那最完滿的原初之善，怎麼可能封閉在自身之內，好像嫉妒無能似的。它是萬物的力量啊！」㉖

柏羅丁所說的太一生成外物的兩個理由——自溢和慈善——其實在柏拉圖著作裡都可以找到根據。比如，在《理想國》裡，柏拉圖把善比作太陽，善像太陽生成萬物那樣產生出其他理念型相；在《會宴篇》裡，他說愛的結果產生出美的東西。㉗這些都包含著「自溢」的觀點。柏拉圖在《蒂邁歐篇》裡還提到，造物主充滿著善，且無吝嗇嫉妒之心 (phthonos)，願意周圍一切盡可能像他一樣，於是從混沌的質料中創造出有序的世界。㉘柏羅丁在這些方面可以說發揮了柏拉圖的思想。

「流溢」這個比喻還有這樣的意思：太一生成出萬物無損於自身的完滿。雖然柏拉圖使用的日喻已經有太陽放射出光芒而無損於自身光輝的意思，但是，柏羅丁在闡明這一意思時，更多地借助於亞里士多德思想的資源，顯示出極強的綜合柏拉圖和亞里士多德的能力。

亞里士多德曾用兩個術語來指示「活動」：energeia 和 entelechia。前者是純粹活動，後者則是潛能的實現。柏羅丁在說明太一活動的時候，使用的術語是energeia。但他進而區分了「活動自身」和「自身的活動」：前者指與活動主體的本性，後者指由主體本性產生出來的向外活動。比如，火的熱度是「活動自身」，火發出的光和熱則是「自身的活動」。如果說，太一的本體等於活動自身，

㉕ 同上，6卷1章6節。

㉖ 《九章集》，5卷2章1節。

㉗ 柏拉圖：《理想國》，509b6～10：《會宴篇》，212a。

㉘ 柏拉圖：《蒂邁歐篇》，29e。

那麼它的生成則是自身活動。柏羅丁說，正如火發出的熱來自火的本性，而且不改變這一本性。

> 在更高世界更是如此。太一保持著適合於自身的生命方式不變，從它的完善性產生出的活動來自比之更高的活動，到達存有與本質，變成與太一並存的本體。因為太一超越存有，它是創造的力量，創造出一切事物。[29]

柏羅丁在這裡還是用了類比方法。火會因光熱的輻射而熄滅，但太一卻不會流溢而缺損，因為兩者完善程度有天壤之別。太一是最完滿的生命和活動，產生其他生命和活動出自它的本性，而不會改變它的本性。

我們看到，柏羅丁主要依靠太一自身的活動來說明生成與創造的。太一的活動如何「到達存有與本質，變成與太一並存的主體」，又如何「創造出一切事物」？這涉及到我們要討論的第二個問題：太一生成出什麼東西？

一個最簡明的回答是：太一創造出一切存有。柏羅丁明確地說：

> 太一何以是萬物的本原呢？這是因為它使萬物在存有之中，使每一事物成為存有嗎？正是如此，它是它們存有的原因。[30]

不過需要注意兩點：其一，太一生成存有不是從無到有的創造。creatio ex nihilo 這個在中世紀廣泛流行的觀念對於希臘哲學家還是

---

[29] 《九章集》，5卷4章2節。

[30] 《九章集》，5卷3章15節。

陌生的。太一的創造力量有一定範圍，在此範圍之外是質料，質料不是生成物。我們將看到，柏羅丁把質料排除在存有之外，因此，「太一生成存有」與「太一不創造質料」這兩種說法可以相互兼容。第二，太一並不直接創造可感世界。太一與可感事物差距太大，不能一瞬間創造出世間萬物，需要經過若干階段，逐步創造出萬事萬物。太一首先生成出來的是與它相似的本體，或者說，它的創造力量首先到達的是純粹的存有，這就是心靈。為什麼太一首先產生心靈而不是其他呢？這裡還有一番道理需要交代。

我們已知，太一是有思維和意欲的。雖然它是全能的，可以創造出一切，但出於它的至善，它總是創造出最好的東西。這就是說，它的創造活動有所思慮(boulesis)。柏羅丁的這個觀點類似於十八世紀德國哲學家萊布尼茨(Leibniz)的論辯，上帝從無數可能世界之中有選擇地創造出一個最好的世界。當然，柏羅丁和萊布尼茨有不同的思想出發點。柏羅丁試圖解決的問題是：太一必然地、還是任意地創造出萬物？柏羅丁和其他希臘哲學家一樣，把「必然性」(avagke)理解為一種外在的強制性，太一的活動當然不具有這種意義的必然性。但是，另一方面，太一又不是任意地創造的，否則，它所產生的世界就不是最好的世界了。為了解決「必然性」和「任意性」的悖論，柏羅丁使用了「思慮」這一概念。這一概念出自亞里士多德《尼可馬可倫理學》，具有「自願」和「理性意願」的意思。柏羅丁使用這一倫理學概念類比太一的意志。他說，「自願」指「產生於自己內部」，因此，不是必然的。[31]「理性意願」指不受不正當的欲望的支配，因此，不是任意的。[32]因此，太一的創造既是自由的，

---

[31] 《九章集》，6卷8章1節。

[32] 同上，6卷8章3節。

又是合理的。當然，太一的意志和人的意志不一樣，太一所意願的就是它所產生出的東西，在太一的意願活動和意願對象之間沒有區別。

太一的自由意志或理性意願解釋了神意(provoice)的存在。柏羅丁相信神意(providence)，但否認命運（fate，希臘文eimarmene）。神意是太一在創世之前對世界萬物的存在和變化的預見和事先安排，表現了世界因服從神的意願而顯現的秩序和規律。命運則是自然的必然性或偶然性，是產生於事物的自發性的、理性不可預測和控制的事件。當時，斯多亞派崇敬命運，但又把命運混淆於神意。柏羅丁在《九章集》專門區分命運和神意，否定前者而肯定後者。[33]

然而，神意不可能存在於太一之中。我們已知，太一的思維和意欲是沒有對象的純活動，而神意是統攝世間萬物的預見和先定。如柏羅丁所說，神意是一種高級事物與低級事物之間的關係。[34]太一是單純的，不可區分的，不可能包含區分高級和低級的關係。太一必須為神意創造一個寓所，這就是心靈：

> 我們應該正確地、合理地說，支配萬物的神意就是依照心靈而存有，心靈先於萬物，不是在時間上為先，而是在本性上為先，因為世界產生於心靈，心靈作為世界的原因，是世界的原型和模式，世界則是心靈的影像，以此方式得以存在，永久地生成。[35]

---

[33] 見《九章集》，3卷1～3章。

[34] 《九章集》，3卷3章7節。

[35] 《九章集》，3卷2章1節。

我們看到，柏羅丁由太一創世的理性和意欲活動論證神意的存在，由神意的存在論證心靈的必要性。他說：「神意的存在是萬物產生的來源」。[36]同樣，心靈是世界的「原型」、「模式」，萬物依此而得以存在與生成。正因為如此，心靈是僅次於太一的第二本體。

第四節　第二本體——心靈

在說明了太一產生心靈的原因和心靈存在的依據之後，我們再來看一看，柏羅丁是如何闡述作為第二本體的心靈的性質的。

對於心靈，柏羅丁談得最多的規定性是「一——多」(en tolla)，意思是一與多的統一。他在不下二十處談到心靈所具有的這種性質。我們可以把他的意思歸納成這樣一些角度。

首先，從太一與心靈的關係的角度來看，心靈是從太一中最先流溢出來的本體，被產生的本體不再保持原初絕對的統一性，即太一那種與自身同一的單純性，而是包含著一些原初的區分，因而可用一些最一般的範疇來表示心靈的性質。然而，心靈作為最接近於太一的本體，仍然最大限度地享有太一的統一性，它雖然不是單純的一，但卻能與被區分出來的多樣性相統一。因為這些多樣性構造了心靈的內容，心靈的一與多的統一仍然是心靈與自身相統一。如果說，太一是絕對的統一性，心靈就是一與多的相對統一性；太一是單純的一，心靈就是複雜的一。關於太一與心靈的關係，柏羅丁寫道：

太一流溢出的充實東西產生出不同於自身的東西。被產生的

[36] 同上，6卷7章39節。

> 東西朝向創造者而被充實，並成為它的注視者。心靈對太一的依靠而獲得其存有，它對太一的注視而獲得其心智。因為它對太一的依靠在於對太一的關注，它同時是心智和存有。[37]

在這段文字裡，柏羅丁首先肯定心靈是太一產生出來的「不同於自身的東西」。既然太一是「一」，那麼這個不同的東西自然是「多」。接著，他又根據被造物對創造物的依賴關係，說明心靈仍然享有太一的統一性。他在這裡所說的心靈的統一性，首先是心靈和存有的統一性。這應當作如何理解呢?

從心靈和存有的關係的角度來看，心靈也是一與多的統一。這是因為，存有是多，而心靈則是多中的一。柏羅丁說：

> 很明顯，一切被稱之為「存有」的東西都是複合的，不管是人為之物，還是自然之物。[38]

另一方面，心靈卻是不可分割的單一活動，如柏羅丁所說：

> 心靈就是它自身，它所具有的是自身永不改變的豐富性。

但是，心靈的「一」並不先於存有的「多」，因為：

> 如果心靈先於存有，那麼心靈便是以自己的思想行動產生出

---

[37] 《九章集》，5卷2章1節。

[38] 《九章集》，5卷9章3節。

> 存有的創造者；但是，我們不能想像存有之前的、不思想存有的心靈。因此最好說，存有是心靈思想的內容。心靈的思想活動與存有的緊密關係如同燃燒活動和火一樣。㊴

存有和思想是心靈兩樣最基本的規定性。我們知道，太一超越存有，太一的思維活動是沒有對象和內容的純粹生命活動，因此也不是一般意義上所說的思想。只是到了心靈階段，存有和思想才出現，並且作為心靈的單一活動和雜多內容的統一而一起出現。柏羅丁自認為這種解釋概括了古代哲學家對思想與存有關係的看法，如巴門尼德所說的「存有和思想是同一的」，（殘篇3──作者注），赫拉克利特所說的「我尋求我自身的存有」（殘篇101──作者注），亞里士多德所說的「對無質料的存有物而言，思者和被思者是等同的」（《論靈魂》，430a3～4）。更重要的是，柏拉圖的「靈魂回憶說」是柏羅丁思想的重要來源。按柏拉圖說，靈魂在理念世界對理念有所觀照，在可感世界裡仍然能夠回憶起過去的觀照，因此才會有對存有物的思想和知識（《斐多篇》，72e3）。柏羅丁也說，心靈對太一的依靠和關注構成它的存有和思想，這與上述哲學家的說法如出一轍。所不同的是，其他哲學家大多把存有和思想的統一看作最高本原的境界，而柏羅丁則認為，這種統一仍然是範疇的統一，是區分的產物，原初的、更高的統一則是存有和思想的共同來源。他比其他哲學家更深入地追問了存有和思想及其統一性的來源，這是他的新貢獻。

心靈的思想和存有的統一被理解為心靈的思想活動和思想內容的統一。存有作為心靈的內容，即柏拉圖所說的理念型相。從心

㊴　同上，5卷9章8節。

靈整體與理念型相的角度來看，心靈也是一與多的統一。柏羅丁使用「心靈」一詞時，有單數(nous)和複數（noi或noes）之分。單數的「心靈」是唯一的心靈整體，複數的「心靈」指包含在心靈整體之中的眾多的理念型相。他說：

> 雖然有眾多心靈，但統一性不會消解，因為它們的區分不是形體的分割，而是彼此相異，但又存有相同的本質。[40]

關於心靈和理念型相的關係問題，柏拉圖在《蒂邁歐篇》裡已有討論。柏拉圖將「心靈」整體當作造物主(Demiurge)，其中包含著各類事物的原型。心靈作為理念型相的總和也即「理智世界」。柏羅丁顯然接受了這一思想，他毫不含糊地說：

> 當我們看待世界時，應該追溯到一個心靈，把它當作真正的工匠和造物主。……心靈為世界提供根本的理性，正如技能為工匠的靈魂提供操作規程。[41]

然而，心靈與理念型相的關係不只是整體和部分的關係，而是一與多的統一關係。也就是說，理念型相在心靈中不但彼此相異，而且相同一，即柏羅丁所說的「存有相同本質」。為什麼眾多的理念型相以心靈為它們的存有的相同本質呢？這是整體與部分關係所概括不了的問題。為此，柏羅丁借助了亞里士多德關於思想自身或「思想的思想」的觀點。

---

[40] 《九章集》，4卷3章5節。

[41] 《九章集》，5卷9章3節。

我們已經看到，柏羅丁否認太一以自身為思想對象，並由此否認亞里士多德所謂的「第一推動者」、「最高存有者」尚不是最高本體。但在談論第二本體性質時，他卻接受了亞里士多德說法。據亞里士多德說，在思想自身的活動裡，心靈和被它思想的對象是統一的：

> 按照自身來思想是自己所能做的最好的事，最高的思想也是最好的事情。因此，當心靈享有思想對象時，它所思想的正是它自身，通過思想和把握，它自身變成可知的。這樣，心靈和它的思想對象就是相同的了。[42]

柏羅丁發揮了這一思想。他進一步論證說，心靈是一切思想的原型，因此，必然是最高的、最完善的思想。這樣的思想只能在對自身的思想裡才能達到，在其中，思想主體（即心靈本體）和思想對象（即理念型相）達到了統一。

在對自身的思想中，心靈和理念型相的統一是一與多的統一。當心靈從不同方面，在不同時間（柏羅丁否認心靈存在於空間之中，但承認心靈存在於時間之內）思想自身時，會得到不同的理念。但另一方面，所有這些理念都是同一心靈的理念。他說：

> 心靈與這些存有相統一，包含它們於其中，但不是包含空間上的部分，而是包含自身作為自己的內容。[43]

---

[42] 亞里士多德：《形而上學》，1072b18～21。

[43] 《九章集》，5卷9章6節。

這種情況可用人的心靈包含觀念和知識要素，種 (genus) 包含屬 (species) 來類比。但是，人的心靈包含觀念是整體和部分的關係，種包含屬在邏輯上則是普遍和特殊的關係。同樣，心靈包含理念型相也有這兩種情形。但是，柏羅丁和其他希臘哲學家都沒有區別這兩種情況。這種混淆致使他有時說心靈是普遍的。比如：

> 心靈不是一個單一事物的心靈，而是普遍的。正是因為它的普遍性，它才是所有事物的心靈。[44]

「普遍心靈」的說法令當今研究者感到困惑，因為這種說法不符合本體的個別性。不管太一還是心靈，對於柏羅丁來說都是個別的存在，也就是說，有自我同一性(self-identity)和位格(person)。如果說太一是普遍的，那很容易導致泛神論；同樣，如果說心靈是普遍的，那很容易通向泛靈論。但我們知道，柏羅丁既不是泛神論者，也不是泛靈論者。他和柏拉圖、亞里士多德等人一樣相信，只存在一個神（不是宗教崇拜的偶像，而是哲學上的「理神」），只存在一個心靈（不是彌散在萬物之中的無形力量，而是獨立自存的本體）。

我們可作這樣的解釋，心靈本體的個別性可用「一」來指示。「一」和「多」的關係既可以是整體與部分的關係，也可以是普遍和特殊的關係。在前一種情況下，心靈的「一」中有「多」（包含著眾多的理念型相）；在後一種情況下，心靈是「多」中的「一」（存寓於特殊的理念型相的普遍性）。按我們的解釋，心靈的普遍性是就其統攝功能而言的，指它是普遍適用於一切事物的心靈，即柏羅丁所說，它「是所有事物的心靈」。如果在談及心靈功能時，

---

[44] 《九章集》，3卷8章8節。

還強調心靈的個別性，那麼就會得到柏羅丁所否定的結論，即，就會誤以為心靈只是「一個單個事物的心靈」。反過來，如果在談及心靈的本體地位和存在狀態時，強調它的普遍性，而否認它的個別性，也會得到柏羅丁所否認的結論，即，就會誤以為心靈是普遍的本體。

把心靈理解為既有單獨存在的整體性，又有普遍適用的邏輯功能，對於柏羅丁堅守和發展柏拉圖學說，具有十分重要的意義。在柏拉圖之後，亞里士多德對柏拉圖學說作了全面批判，構成了對柏拉圖主義的最大威脅和最嚴重的障礙。亞里士多德著力批判的是柏拉圖的「分離學說」，即認為在可感領域之外還存在著一個與之相分離的理念型相存在的領域。對於「分離學說」，亞里士多德又著重批判了可感事物「分有」、「摹仿」理念型相的不合理性。㊺柏羅丁對此的回應是：用心靈與理念型相之間的整體和部分關係論證了與可感事物相分離的理念領域的存在，用心靈和理念之間的普遍與特殊關係論證了「分有」說的邏輯合理性。

針對亞里士多德對「分離學說」的批判，柏羅丁提出了這樣一些問題：

> 雖然對心靈的存在提出質疑是一件荒謬的事情，但確有人這樣做。於是讓我們來討論心靈是否真實的存有？它是否「分離」的存有？它是否確實存在？是否是理念型相的寓所？㊻

《九章集》專門以一章篇幅（5卷9章）討論了這些問題。我們在前

㊺　見亞里士多德：《形而上學》，990b～991a。

㊻　《九章集》，5卷9章3節。

面已經看到，他把心靈的內容等同為存有，又把心靈對自身思想的內容等同於理念型相，這樣，理念型相的存有也就被確定了。再者，理念型相作為心靈的內容被包含在心靈本體之中，它們和可感事物是不相混淆的；相反，它們是先於可感事物的存有，並不是存在於可感事物之中的形式。因此，並不是所有的型相都是可感事物的型相，型相在成為可感事物形式（「型相」和「形式」在希臘文為同一詞eidos）之前，先存在於心靈之中。從心靈的存有和心靈包含理念型相的整體性，可以證明在可感領域之外，存在著一個分離的理念型相的領域。

關於「分有」說的困難，柏拉圖早已有所覺察。他在中期著作《巴門尼德篇》中已經檢討了亞里士多德後來提出的種種詰難。其中之一是「第三者」的困難：如果一事物因分有一型相而獲得與該型相相似的性質，那麼，為了說明該事物與該型相之間的相似性，又要設立另一個型相，作為兩者共同分有的對象。比如，為了說明事物A與型相B的相似，要設定一個A和B共同分有的型相C，而為了說明A或者B與C的相似性，又要設定一個被它們所分有的D，依次類推，陷入無窮倒退，永遠不能說明事物何以具有與一型相相似的性質。另一個困難是：一事物分有不止一個型相，如蘇格拉底所分有的型相有「人」、「白」、「理性」、「動物」、「可朽」等等，但蘇格拉底是一個人，而他所分有的眾多型相卻不是一個統一型相。一事物分有眾多型相，為什麼仍然有單一性呢？對於這些以及其他困難，柏拉圖在其後期著作裡試圖解決這些困難，但沒有明確結果，以致亞里士多德後來重提這些困難。

柏羅丁認為，通過心靈與理念型相之間一與多的關係，可以解決這些困難。在這裡，他把心靈的「一」理解為貫穿於眾多理念型相之間的普遍功能。他說：

> 心靈能力似乎是對於整體的內心自覺，但眾多部分共存同一事物，情況即是如此。當一事物思想自身，這是心靈能力的特有含義：每一單獨部分都是它自身，無需外求。㊼

就是說，心靈之內的理念型相不是彼此隔離的，它們都因被心靈自覺地思想而具有彼此聯結、相通的能力，但最後都以心靈為統一原則和最後依據。如柏羅丁所說：

> 心靈像一個完全的思想原則，統攝它們全部，心靈從自身的首要原則出發，已經貫穿於它們之中。㊽

一個理念型相被心靈所「自覺」，就是說，它的作用和意義最終由心靈來保證，而不需要由其他理念型相來進一步解釋它的意義。例如，事物A和理念型相B的相似性被心靈所把握，或者說，B所具有的心靈的普遍功能使它的意義能夠獨立地應用於事物A，而不需要由型相C、D……來說明兩者相似的根據所在。這就解決了「第三者」的困難。至於一事物分有眾多理念型相，何以還有單一性的問題，柏羅丁也可以這樣解釋：被分有的理念型相貫穿著統一原則，它們被心靈組織成單一的整體，這樣就保證了分有眾多型相的事物的單一性。比如，事物A分有C、D、E、F，它不是分別分有它們而分裂成為A_C、A_D、A_E、A_F。因為C，D，E，F在本質上是統一的，設其

㊼《九章集》，5卷3章13節。

㊽ 同上，6卷2章21節。

統一性為G，那麼，A分有這些理念型相而成為A_G，具有A、B、C、D等性質。蘇格拉底不會因為分有「動物」、「理性」、「白」、「有朽」等而分成「動物的蘇格拉底」、「理性的蘇格拉底」……等等，而是成為這樣一個人：他是有理性的、有朽的、白種的動物。柏拉圖的「分有」說的困難，按照心靈和理念型相之間一和多的關係，可以得到暫時的化解。[49]

以上我們從心靈與太一，心靈與存有，心靈與理念型相這樣三個角度，闡述心靈的一與多相統一這一最根本的規定性。柏羅丁自認為，他是按照柏拉圖的《巴門尼德篇》後半部分的思想來解決一與多的統一問題的。柏拉圖在那裡以「一」和「多」為主詞，構成8個命題，它們兩兩相對，相互否定。柏拉圖在討論一與多的對立和矛盾時，又涉及到「動和靜」、「同和異」、「有和非有」、「整體」和「部分」等範疇。它們之間的諧同關係成為後來寫的《智者篇》的主題。柏羅丁認為，柏拉圖在這些對話裡使用的最基本範疇（即「通種」）都適用於心靈。這為我們的解釋提供了第四個角度，即，心靈和範疇的關係的角度，從這一角度，柏羅丁同樣達到一與多的統一。我們已經看到他如何處理思想和存有、整體和部分等範疇的統一，下面著重談談同和異、動和靜等範疇的統一性問題。

柏羅丁說：

> 心靈和存有同時存在，永不分離。但是，它們的同一，即心靈和存有的同時性，思想和思想對象的共存，具有兩個方面：當它思想時是心靈，當它存有時是思想對象。因此，心靈蘊

---

[49] 我並不認為柏羅丁真正解決了「分有」說的困難。關於這一問題，可參閱L. P. Gerson, *Plotinus*, Routledge, 1994, pp.47～52.

> 含著異和同。首要的概念是「心靈」、「存有」、「同」和「異」，還可以加上「動」和「靜」。動指心靈在理智領域的活動，靜指它自身不變。……從這些概念的多樣性，還可以得到「數目」和「數量」，它們每一個的特徵是「性質」。[50]

在上述種種範疇中，「思想」和「存有」是心靈的兩個方面，分別指示其思想活動和思想對象。對於思想活動，可進一步區分出「動」和「靜」。心靈區分成兩個方面指示出它的「同」和「異」，另外，對思想對象（即理念型相），也可進一步區分異和同。心靈以其運動產生思想對象，以其靜止保持自身永恆不變。被心靈思想的理念型相各自有別，否則不能被思想，但異中有同，既與心靈，又與其他理念型相保持統一。

總之，範疇是對心靈進行區分的產物，範疇在量和質上都是多，但它們指示、描述同一心靈。也就是說，心靈和範疇達到一和多的統一，每一範疇都包含著同一個心靈作為它們共同的主詞。範疇和心靈的關係猶如亞里士多德所說的屬性與實體的關係一樣：眾多屬性附屬於、統一於實體。同樣，眾多的範疇統一於、附著於心靈這一個本體。

以上是我們以一和多關係為線索，對心靈本體的性質所展開的綜述。

第五節　第三本體——靈魂

在希臘人觀念裡，「靈魂」(psyche)和「心靈」(nous)具有不同

---

[50] 《九章集》，5卷1章4節。

的意義。「靈魂」在早期自然哲學中指事物內部的能動力量，不一定局限在人的身體之內；並且，靈魂也不一定與事物的物理性質和物質形態相對立。水、火、氣的自發力量都可被稱作靈魂。斯多亞派繼承了這一傳統，把靈魂解釋成「氣息」或「精氣」。與「靈魂」相比，「心靈」有兩個特徵：一是它的外在獨立性：心靈是在事物之外對事物起作用的能動力量。二是它的無形的精神特徵：心靈不具有可感性質。自從公元前五世紀哲學家阿那克薩戈拉 (Anaxagoras) 首次使用「心靈」概念，便受到蘇格拉底的重視和贊賞。柏拉圖接受了「靈魂不朽」之說，認為人的靈魂可以獨立於肉體而存在。但是，人的靈魂的獨立性和精神純粹性，來自於心靈，即理念型相領域。至於在可感領域無所不在的「世界靈魂」，也是造物主按照心靈創造出來的。

關於心靈和靈魂的關係，柏羅丁有以下說明：

> 首先，心靈不同於靈魂，且先於靈魂。相信靈魂產生心靈毫無道理。……必須承認的道理是：首要的存有是自足的活動，因而是完滿的。隨之而來的後起的東西是不完滿的，但從產生者那裡獲得一定的完滿性。……再者，如果靈魂是可變的，必然有不變的東西，這個不變的東西先於靈魂。再者，靈魂在世界之中，必然有在世界之外，不為世界所牽連的東西，因而，必然有先於靈魂的東西。[51]

這一論證據信是針對斯多亞派的。據現存殘篇記載，斯多亞派確實主張「靈魂產生心靈」，他們所說的靈魂指「火」、「精氣」等自然

[51] 《九章集》，5卷9章4節。

能動力量，心靈指人的思想。[52]這顯然反映了早期自然哲學的影響。柏羅丁依照柏拉圖主義原則，論證心靈先於靈魂，靈魂是從心靈中產生的。

心靈產生靈魂的方式也是流溢。柏羅丁說，心靈的流溢是對太一流溢的模仿：

> 太一的形象，即心靈，和它的榜樣一樣，產生出力量的各式各樣的力量作為自己的形象。從心靈存有產生出來的力量即靈魂。心靈產生出存有而自身保持不變，正像太一產生出（心靈）的存有而自身保持不變一樣。但是，靈魂卻不保持著不變，當它被產生後，它便運動，並帶走了（心靈）的形象。[53]

從心靈流溢出來的靈魂實際指柏拉圖式的「世界靈魂」，它是推動一切事物的能動力量，因此它不可能像太一和心靈那樣保持不變。因此柏羅丁說，靈魂「有一種躁動的力量，只要它見到另一些東西，就要移到那裡去」。[54]靈魂可以向不同方向移動：當它觀賞到心靈時，它會向上流動，效仿心靈的永恆與不動，寂靜下來；但在開始產生出來的時候，它看到比它更低級的質料，向下移動，並與之匯合，形成可感事物。由於靈魂「帶走了心靈的形象」，即理念型相的形象，靈魂與質料的匯合實際上就是亞里士多德所說的形式和質料結合組成可感事物的過程。我們將在下章討論靈魂與質料是如何

---

[52] 見 *Stoicorum Veterum Fragmenta*, A–Nauck, ed. 2nd ed. Teubner (Leipzig), 1889, I, 374, 377; II, 835～837, 839.

[53] 《九章集》，5卷2章1節。

[54] 同上，3卷7章11節。

組成可感世界的，本節只討論靈魂本體在沒有下降到質料之前，有些什麼樣的規定性。

一與多的關係始終是柏羅丁說明本體的性質的主要線索。他藉柏拉圖的話說明了有三種意義上的「一」：

> 柏拉圖筆下的巴門尼德更為精確地區分了三種情況：原初的一，這是一的確切意義；第二位的一，這是多樣性的一；以及第三位的一，它既是一又是多。[55]（見《巴門尼德篇》137c～142a，144e5～155e5——作者注）

太一是單純的一，不能被分析為多，也不包含多；心靈是複合的一，是一和多的統一，即，一中含多，多中有一；靈魂則是一和多的區分，即，既是一，又是多，但不同時是一和多。

關於靈魂與心靈的關係，柏羅丁作了進一步說明：

> 靈魂自身是心靈的形象，是心靈用以產生出更多存有物的活動。心靈的活動有繼續的階段，正像火包含著熱在其內部，同時又散發出熱一樣。但是，靈魂並不完全和心靈分離，它部分地保存在心靈之中。但它有不同的本性，因為它來自心靈。靈魂自身是一種理智的存在，推理能力就是它的理智能力。[56]

從這裡可以讀到靈魂的一和多相區別的原因。靈魂之所以是一，乃

[55] 《九章集》，5卷1章8節。

[56] 《九章集》，5卷1章3節。

是因為它仍然可以在心靈之中（我們將看到，靈魂與心靈歸一是柏羅丁關於靈魂淨化的神秘主義的基礎）。另一方面，當靈魂脫離心靈時，它就成為多。即使在這種情況下，靈魂也沒有完全喪失心靈所賦予它的統一性，它仍然具有心靈的活動能力。但靈魂所分享的「一」，不足以統一它所面對的多，於是，當它脫離心靈成為獨立本體時，還是以一與多的區分為其根本規定性的。

如果說，太一是思維和意欲的純活動，心靈是純思想（即思想自身）的本體，那麼，靈魂就是欲望(bios)的本體。欲望一般以一個外在的可欲事物為目標。除非靈魂以心靈為欲望的目標（在此情況下，靈魂在心靈之中，以自身為目標），否則靈魂總是分裂為欲望主體的靈魂和可欲對象的靈魂。這種分裂也是一和多的區分的表現。雖然欲望中有理性的選擇，具有心靈的思想活動的特點，但是，欲望著的靈魂所表現出來的心靈活動，既不能控制住欲望的感性因素，又不能保證達到可欲的目標。就是說，在欲望活動中，一和多總是相區別、相分離的。

另外，靈魂還是一切移動事物的本體。因為靈魂統轄的欲望總是朝向外在目標，這就造成了一事物向另一事物的移動。柏羅丁把推理活動也看作是移動，不是可感事物的移動，而是觀念之間的移動，比如，從前提移向結論的三段式推理就是這樣的移動。移動總是以運動物（包括觀念）的分離、區分為先決條件的。並非所有活動都是移動，心靈以自身為對象的思想活動並不是朝向另一個異己對象的移動，而是類似於亞里士多德所說的「不動的推動者」。但靈魂的本性是一和多的區分，它總要移向異己的外在對象，與自身相分裂。更由於靈魂彌漫於整個世界，世間事物彼此有欲望，由此產生出相互移動。這樣，靈魂便成為在世界內部起作用的、推動事物的能動力量。

更為重要的是，靈魂的一和多的區分還表現為普遍的理念型相和個別形式的區分。我們已知，理念型相是心靈的內容，靈魂既然分享有心靈的一，當然也分享有理念型相，並把純粹存有的理念型相從心靈領域帶進可感世界，成為可感事物的形式。但是，理念型相是普遍的本質，而可感事物總是個別的，理念型相顯然不能說明事物的個別特徵，因而需要一個「個別化原則」來解釋個別事物的特殊性。什麼是事物的個別化原則？柏拉圖和亞里士多德對於這個問題都有所考慮，但都沒有給出滿意的、明確的答案。[57]柏羅丁從靈魂的一和多的關係出發，試圖解決這個問題。靈魂的「一」是它所分享的心靈所具有的理念型相的普遍性和統一性，靈魂的「多」則是它散佈在眾多的個別事物中所形成的個別形式。柏羅丁是這樣說的：

> 每一個物是否都有個別形式？是的。如果我以及我們中任何人都來自並復歸於心靈，那裡有我們每一個人的本原。如果蘇格拉底的靈魂不朽，那麼，那裡有一個絕對的蘇格拉底，同樣，一個個別的靈魂就永恆地存在那裡。但是，如果以前曾是蘇格拉底的靈魂在不同時期變成其他人，例如畢達哥拉斯的靈魂，那麼，就不會在心靈領域有一個特殊的蘇格拉底這個人。再者，如果每一個人的靈魂都具有一個理性的生成原則，那麼，所有人都存在那裡，我們確實這樣說：每一個靈魂都具有世界的生成原則。[58]

---

[57] 關於這一問題的討論，可見拙著《西方哲學通史》，第一卷（北京大學出版社1996年出版），頁126～131，140～142，215～220。

柏羅丁在這裡首先肯定了個別形式的存在。和他在討論其他問題時一樣，他是在解決疑難過程中確定自己結論的。肯定個別形式所面臨的疑難問題是：⑴它是否與「靈魂轉世」說相悖？⑵它是否與靈魂具有的普遍性（「理性的生成原則」）相悖？

第一個疑難是這樣提出的：人的形式是靈魂，如果說有個別形式，那麼人的靈魂也是個別的。但如按柏拉圖所竭力維護的「靈魂轉世」說，一個人的靈魂在他的生前或死後是另一個人的靈魂，他的靈魂如何能成為他所獨有的形式呢？柏羅丁當然同意「靈魂轉世」說，[59]但這並不妨礙他肯定個人靈魂（以及更廣泛意義上的個別形式）的特殊性。他的理由也是解決第二個疑難的關鍵之處，即，如何理解靈魂的理性生成原則的普遍性？

柏羅丁的答案是：靈魂的生成原則的普遍性不應被理解為單一性，因為生成萬物的靈魂不是一，而是多，靈魂通過多種多樣的方式，生成出種類繁多的個體。肯定靈魂生成原則的普遍性的意思是：靈魂不是以每一個不同的生成方式產生出每一個事物，它可以用一個相同生成原則產生出一些相同的事物。但這不是說，靈魂同時被這些相同的事物所具有，而是說，靈魂在不同的時間重複同一生成原則，因此在不同時間裡產生出相同事物。所謂個別形式或個別靈魂，指在同一時間裡，每一事物都有其他事物所沒有的形式，每一個人都具有其他人所沒有的特殊靈魂。但當這一事物或人消亡之後，形式或靈魂並不隨之消亡，而是以相同的方式生成出其他事物或人。就靈魂和肉體關係而言，這就是靈魂轉世的道理。當靈魂從一個肉

---

[58] 《九章集》，5卷7章1節。

[59] 見《九章集》3卷2章13節，4章2節；4卷3章8節，7章4節，8章1節；6卷7章6～7節等處。

體轉移到另一肉體，不能說它造成了另一個完全不同的人，因為人的本質由靈魂所決定，靈魂不變則人的本質也沒有變。但是，我們也不能說，靈魂因此而成為兩個人的共同本質，因為這兩個人不可能同時存在（當一個已經消亡，另一個才能產生），靈魂總是某一個人的靈魂。不管這個人叫「蘇格拉底」、「畢達哥拉斯」或是其他名字，只要這些不同名稱的人的靈魂是同一的，他們就是相同的個人，他們的靈魂就是在不同時間裡存在著的個人靈魂。對於個別事物，這個道理同樣適用。柏羅丁的這一論證見之於下列文字：

> 不同的個人不可能有相同的生成原則，一個人不會被用作幾個相互有別的人的模型，不僅由於他們的質料不同，而且由於形式之間的特殊差異。一個人與形式之間的聯繫不像蘇格拉底的畫像和蘇格拉底本人之間聯繫那樣。他們的不同形式來自於不同的生成原則。世界的全部演化包含所有的生成原則。當它重複自身，它就會生成按照相同的生成原則產生出一些相同的東西。我們不用擔心把無限性引進心靈世界，因為它全在一個不可分割的整體裡，當它活動時，它就向前推進。[60]

柏羅丁在這裡指出，個人靈魂不是某一個人的靈魂，如蘇格拉底的、畢達哥拉斯的靈魂，等等。因為一個人不可能成為其他人的模型。個人靈魂是個人的生成原則，它在時間中不斷重複，因此在不同時間裡生成出相同的個人。柏羅丁說，生成原則的重複是無限的。這種無限性在心靈中表現為永恆性（即「一個不可分割的整體」），但

[60] 《九章集》，5卷7章1節。

在可感世界裡，則表現為隨著時間流動而出現的重複性（即，「向前推進」）。關於時間性質的問題，我們將在下章進一步介紹。

第三章　世界模式

希臘人所說的「世界」或「宇宙」(cosmos) 有兩層意思：一是指天地之間一切事物之總和，更重要的意思是秩序。希臘哲學家從一開始便有這樣一個根深蒂固的信念：事物的秩序來自於本原。哲學於是成為一門關於世界本原和宇宙整體的學問。從早期自然哲學家開始，至柏拉圖和亞里士多德，乃至斯多亞派，都是依照各自所理解的本原來說明世界的秩序和整體。柏羅丁也不例外，也是按照本體論的原則，提出了一個完整的世界觀。然而，與其他哲學家相比，他有一個特殊的優勢。這就是，由於他處於接近於希臘哲學終點的位置，而且熟悉各家各派學說，這使得他能夠對以往的世界觀加以總結和綜合。當然，他不是折衷主義者，他的基本立場仍然恪守柏拉圖學說。按照柏拉圖的基本原則，他對亞里士多德的學說加以消化、吸收，對斯多亞派的自然哲學則更多地表現出批判和排拒的態度。由於柏羅丁的世界觀所具有的總結性特徵，為了說明這些觀點，實際上需要對全部的希臘哲學世界觀 (尤其是自然哲學部分) 加以總括。本章對柏羅丁提出的世界模式的介紹當然也需要對其理論背景的解說。

第一節　質料觀

希臘人沒有「無中生有」的觀念，他們認為有序的世界一定是從無序的混沌產生出來的。早期自然哲學家把這一產生過程看作為自然演化過程。柏拉圖在《蒂邁歐篇》裡則把這一過程解釋為造物主的創世過程。按照他的宇宙創造說，在創世之前，已有一些混沌的東西：柏拉圖稱之為「依托」(hypodoche)或「基體」(ekmageion)。這些東西不是存有，因為它們沒有具體規定性，甚至沒有固定的形狀，不能說它們「是」什麼東西（「存有」的意思為「是某一樣東西」，見本書第二章第一節之解釋）。但是，它們也不完全是非存在，因為這團混沌至少還有一個場所(chora)。❶造物主並不創造這些基體和場所，他的創世只是把型相加諸混沌之上，使混沌分化出有具體形狀的個別事物，再以「世界靈魂」散佈在這些事物之中，使它們相互聯繫，服從一定的秩序。亞里士多德把柏拉圖所說的「依托」發展為「質料」(hyle)。質料作為形式的對應物，本身沒有任何形式。質料不但是個別實體不可或缺的成份（它與形式共同構成一個複合實體）；而且是實體運動和變化的重要原因，在後一種意義上，亞里士多德把質料定義為運動的不變的載體，或為運動著的事物的潛能。由於實體運動和變化的連續性，亞里士多德常常在相對的意義上使用「質料」這一概念：低一級實體的形式可以是高一級實體的質料，前一階段已被實現了的實在可以是後一階段尚未實現的潛在。例如，銅相對於銅像而言是質料，但銅的形狀大小相對於構成銅的諸元素而言卻又是形式，而水、火、氣、土等元素的形狀相對

---

❶ 見柏拉圖：《蒂邁歐篇》，50d～52a。

於無形的質料而言也是形式。同樣，睡眠相對於清醒是潛在狀態，但相對於死亡又是實在狀態。但是，亞里士多德指出，事物和運動的最低級階段必定是純質料，或「原初質料」，❷即，完全沒有任何形式和規定性的基質，完全沒有任何現實性的潛在。

柏羅丁基本上接受了柏拉圖和亞里士多德的說法，認為柏拉圖所說的「依托」即亞里士多德所說的「原初質料」。在此意義上，他在第二、三卷多次談到，質料是無大小、無形體的，沒有任何性質和規定性，因而是不可見的、無限的、不可滅的，是承受運動的載體和基質，等等。

但是，另一方面，他也在相對意義上使用「質料」這一概念。比如他說，靈魂相對於心靈而言是質料：

> 靈魂和心靈的聯繫如同質料和理念的聯繫。但是，心靈的這種質料是美好的，它具有心靈的形式，且沒有部分。❸

人們完全有理由作這樣的理解：無論心靈世界還是可感世界，都由形式與質料兩部分所構成，以致在中世紀時期，產生了「精神質料」和「形體質料」的區分，前者指精神世界的質料，後者指可感世界的質料。

柏羅丁有時還把一些有形體的事物說成質料。他認為質料不會離開形狀而存在。他說：「質料中有不可分離的形式」。❹當然，這裡指的是有性質料，而不是無性質料。❺後來，多瑪斯明確區分了

---

❷　「原初質料」概念，見亞里士多德《論生滅》，329a24。

❸　《九章集》，5卷1章3節。

❹　同上，4卷7章2節。

這兩種不同意義的質料，把有形質料稱作「能指質料」(materia signata)，不同於完全無形狀大小，無現實性的原初質料。我們可以看到，中世紀關於質料意義的種種區分已經孕育在柏羅丁對「質料」概念的相對意義的闡述之中。

然而，由於柏羅丁不加區別地使用「質料」概念，使今人對他的思想的解釋也造成一些困難，有必要在此加以釐清。

第一個需要釐清的問題是太一與質料的關係。在柏羅丁思想體系中，太一和質料處於兩個極端：一個是至善，另一個是惡（關於質料的惡的本性，詳見下節）；一個是本原，另一個是終結；一個是絕對整齊的「一」，另一個則是完全無序的混沌；一個是太陽般的光明，另一個則是一團黑暗。正因為如此，質料不是太一創造的產物；相反，質料是由太一發端的流溢所不能及的極限，它好像是從太陽發射出的光線不能穿透的無限的黑暗。正因為如此，柏羅丁肯定質料是無限的，❻不定的，❼不可滅的，❽等等。但是，我們知道，無限、不定（apeiron，即無規定性）、不可滅同樣也是太一的性質。柏羅丁是否將質料與太一等量齊觀，從而走上了二元論呢？當時已在近東流行的摩尼教正是這樣一種二元論，它肯定有光明和黑暗、善和惡兩個永恆的本原。柏羅丁受到這種二元論的影響也不是完全不可能的。但是，柏羅丁總的思想傾向是一元論的本體論，而不是「本體—質料」二元論。他在談到質料的不可滅性時說：

---

❺ 關於「有性」(toutou)和「無性」(aplos)質料區分，見《九章集》，2卷5章5節，3卷6章10節等處。

❻ 《九章集》，2卷4章10節。

❼ 同上，2卷4章15節。

❽ 同上，2卷5章5節。

> 質料之所以是不可滅的，在於它的存在是由永恆的本原所造成的，而永恆的本原的作用是必然的。因此，如果質料現在存在，它必然永遠存在。否則的話，它的生成就是由一個沒有必然性的本原所造成的了。❾

但不幸的是，這一論證是循環論證，它的結論（質料的永恆性）恰恰是它所需論證的前提（質料是由永恆本原必然地造成的）。但柏羅丁從來沒有清楚地說明：質料由哪一個永恆的本原（太一，心靈，還是靈魂）所造成？如何造成的？他曾經設想過兩種可能性：質料或者是永恆的，或者是被產生出來的，但他對這兩者都不置可否。❿這些問題令現代研究者和讀者費解。

我們可以作這樣理解：當柏羅丁說質料是由永恆的本原所造成的時候，他並非說質料是在時間中被創造的。因為任何時間裡的創造或生成都是偶然的：它可以在某一時間內生成，也可以在另一時間內生成，或者不在任何時間內生成。但是，既然質料永遠存在，那麼它必定不是被太一或其他本體所創造的。這一觀點符合柏羅丁關於太一與質料處於極端對立的論述。另一方面，質料的永恆存在依賴於本體的永恆性。我們將在下面（本章第三節）看到，永恆性是心靈本體所包含的理念的共存關係。質料自身並無永恆性，它的永恆性是心靈本體所賦有的，或者說，由心靈本體所造成的。「造成」指的是邏輯上的主次關係，而不是時間上的先後關係。如果人們追問：心靈造成質料的永恆存在的必然性何在？答案是不難想像的：為了靈魂的必然活動。因為心靈本體必然產生靈魂，而靈魂在

---

❾　《九章集》，2卷9章3節。

❿　同上，4卷8章6節。

欲望的驅動下，必然會下降到低一級存在之中。如果質料不是永恆的，那麼，靈魂向下的活動將沒有一個場所，靈魂的活動也就失去了必然性。因此，只要我們考慮到本體活動的必然性，就會肯定質料的永恆性。質料的永恆存在以本體的永恆性和必然性為先決條件，在此意義上，質料依賴於本體，或者說，由本體所造成，但不是本體所創造、所生成的。這種解釋可使柏羅丁思想避免二元論。總之，關於本體與質料的關係，我們既要肯定柏羅丁所強調的太一與質料的極端對立，又要防止把兩者的對立誇大為二元對立的二元論。

另一個需要釐清的問題是：質料有無本性？「本性」(physis)在希臘文中有「本原」之義。按柏羅丁一貫觀點，只有本體才是真正的本原，質料與本體相對立，不能算作本原，應該沒有本性。但是，柏羅丁在一處卻出人意料地說：「雖然質料沒有自身的形式，但卻有本性。」⓫對於這段話，當代研究者吉森(L. P. Gerson)有這樣一個注釋：

> 質料應被理解為不可知的固有存在或存在原則。柏羅丁把本性歸諸質料的意願可追溯到他的創世形而上學。認為質料具有本性並不意味著質料是實體，因為本性並不把質料規定為個別性的東西。⓬

我們認為，這個注釋是正確的。質料的存在既然不是太一所創造的，那麼，它固有的存在便是它的本性。雖然這種存在的永恆性、必然性來自本體，但質料存在本身卻是與本體存在相對立的另一種存在，

⓫ 《九章集》，1卷8章10節。

⓬ L. P. Gerson, *Plotinus*, Routledge, London, 1994, p.263, n. 20.

即，不可知的存在。在這裡，必須區別質料的本性和屬性：本性是其固有的，因而是不可知的，屬性來自於、附屬於本體，因而是可知的。我們已經看到，柏羅丁如何在本體與質料聯繫之中說明質料的永恆性。他對質料本性的說明在下節介紹。

第二節　惡的本性

柏羅丁斷定質料的本性為惡，可能是他最有創新的見解之一。在他之前，大多數哲學家，尤其是柏拉圖主義者，都把「善」當作形而上的概念，但卻把「善」的對立面——「惡」僅當作倫理學概念。「質料」則是一個形而上的和自然哲學的概念，沒有善或惡的性質。柏羅丁把「惡」的性質從倫理學領域提升到形而上領域，並與質料的本性相等同，乃是他的思想體系導致的一個必然推論。我們可把這一推論表述如下：

前提1：太一與質料是對立的兩端；

前提2：善與惡是對立的兩端；

前提3：太一的本性為善；

結論：質料的本性為惡。

更重要的是，應該看到這一結論所涵含的「神正論」的意義。「神正論」(theodity) 這一術語由十七世紀哲學家萊布尼茨 (Leibniz) 正式提出，意思是面對惡的存在這一事實，為神的正義所作的辯護。歷史上，一些無神論者和懷疑論者，不時用惡的存在來否定全善、全能和全知的唯一的神的存在。他們的論證可表述如下：

1a：如果存在一位創造一切的全能的神，那麼他也是惡的存在的原因，因此，他不是全善的；

2a：如果存在一位全善的神，他並不是惡的存在的原因，但他卻不能制止惡、消滅惡，那麼，他不是全能的；

3a：如果存在一位全能而且全善的神，他不知道惡的存在。因而沒有制止、消滅惡，那麼，他不是全知的。

據說，伊壁鳩魯者曾使用這一論證。柏羅丁不會不知道這種論證。他也不能忽視這一論證所提出的挑戰，因為他所謂的最高本體「太一」在某種意義上就是全知、全善、全能的神。他對惡的來源和本性的闡明可以說是最早的一種「神正論」。當然，在他所處的時代已經廣泛傳播的基督教信仰的上帝是絕對意義上的全知、全善和全能。因此不難理解，柏羅丁的神正論不久便被公元四世紀的神學家奧古斯丁所接受，成為正統神學的重要內容。[13]

柏羅丁對惡的形而上考察，若按神正論的觀點來解釋，可被歸納為以下三個要點：

1b：太一是一切存有的創造者，質料不是存有，因此，太一不是質料（惡）的創造者。惡的存在並不能否認太一的善。

2b：惡的存在有其必然性，並且這種必然性依賴於太一創造的世界的完善性，因此，惡的存在也不能否認太一的全能的創造。

3b：惡的存在只與最低級本體靈魂的無知相關，它也不能否認太一和心靈的全知。

我們分別予以說明。

一、惡的本性

柏羅丁在不同之處區別了「自身之惡」和「派生的、寓於他物

---

[13] 參閱拙著《中世紀哲學史：基督教哲學1500年》，七略出版社，臺北，1996年，頁156～162。

之惡」，「絕對之惡」和「具體之惡」，「原初之惡」和「第二性之惡」。⑭總的來說，前者相當於形而上的惡，後者相當於倫理之惡。他把質料的本性等同於惡，是在形而上的意義上談惡的。他說：

> 總的說來，我們必須把惡定義為善的缺乏，在善的下面，不再有任何的善，因為善在另外的東西之中。⑮

就是說，惡是善的對立面。善既然是一個形而上的本性，惡也在形而上的層面上與善相對。當然，這裡說的「形而上」指超越形體或無形之意。若以世界的等級秩序而言，如果說善為形而「上」，則惡為形而「下」，或者說，太一之善高於有形事物，質料之惡低於有形事物。因此，柏羅丁在上述定義中，把惡界定為在「善的下面」。我們知道，善有不同等級，從太一的至善開始，到心靈之善，再到靈魂之善，再到有形之物的具體之善（也是最低的善）。在有形之物以下便是無形的質料。在質料之中，沒有任何善性。但是，人們也許要問：沒有善性何以一定就是惡呢？難道質料不能是既不善也不惡的中性之物嗎？對此，柏羅丁對惡還有一個定義：

> 那麼，就把過度作為原初之惡吧。第二性的惡通過分有或摹仿也處於過度狀態，因為這種（第二性的）過度是偶然的。⑯

在倫理上，人們通常把過度的享樂、窮奢極欲斥之為惡。柏羅丁分

---

⑭ 分別見《九章集》，1卷8章3節，5節，8節。

⑮ 同上，3卷2章5節。

⑯ 《九章集》，1卷8章8節。

析說，這只是過度的偶然狀態；但是，偶然狀態的存在以必然性為依據，偶然是對必然的分有或摹仿。因此，倫理意義的過度指示出一個形而上意義的過度，即，超出任何限度。「度」即規定性。任何規定性都來自太一，太一的本性為至善，超出任何限度因此也就超出了善的限度。「過度」因而邏輯地等同於「惡」。

在形而上的意義上，善與惡分別處於兩個極端，兩者都沒有任何規定性，即，都是「不定」(apeiron)的。但是，這兩種「不定」卻是完全不同的情形，可分別用「無度」(inmeasureable)和「過度」(unmeasured)兩個術語加以區分。太一的至善是一切善、一切規定性的源泉，它是規定其他一切東西的尺度，但卻不被其他任何東西所衡量，因此為「無度」。質料的惡卻相反，它是一切規定性的終結，超出了尺度的衡量範圍，因此為「過度」(ametria)。我們或者可以說，太一的「無度」是一種充溢，質料的過度則是一種缺乏。兩者有天壤之別，不可相提並論。

「缺乏」(steresis)是來自亞里士多德的一個哲學概念，意思是「應該有但尚且沒有」。⑰柏羅丁說，惡是「應有的形式的缺乏」，⑱或者說，是「無形式」(aneideon)，或只有「壞形式」(dyseides)。按柏羅丁的世界圖式，質料是最低級存在，有待於靈魂的降臨，而獲得形式。如果質料獲得合適的形式，則產生出有形事物，但如果所獲得的是壞形式，則會產生出一些具體的惡，如疾病、醜陋、貧困，等等。疾病是身體的無序和過度，醜陋是不合形式的形狀，貧困是基本生活需要的缺乏，等等。⑲但是，質料在沒有獲得任何形

⑰ 見亞里士多德：《物理學》，192a27。

⑱ 《九章集》，1卷8章11節。

⑲ 同上，1卷8章5節，19～26。

式之前，處於完全缺乏狀態，這是絕對的惡。

總之，惡是作為善的對立面被定義的，或被定義為善的缺乏，或被定義為形式的缺乏，在兩種情況下，惡都是過度。柏羅丁在一處說惡不是存有。⑳這並不是否認惡的存在，而是說，惡的存在不「是一樣東西」（「存有」，to on的意思為「所是的東西」）。或者更確切地說，惡所缺乏的正是「存有」。這是柏羅丁關於惡的基本觀點。

二、惡的必然性

我們已經看到，雖然質料的存在不是太一所創造的，但質料存在的永恆性卻依賴於永恆的本體。按照同樣的道理，惡也不是至善的太一所產生的，但是，惡的必然性卻依賴於太一之善，或者說，從必然性的觀點來看，惡的存在不但無損於太一之善，而且是對太一之善的一種補充。柏羅丁明確地說：

> 惡對於所有事物而言的必然性是否在於它先於現實而發生呢？應該這樣說，如果它不存在的話，那麼，所有事物便不完滿了。㉑

這裡的「所有事物」指一切有形事物，它們是由質料和靈魂兩者共同組成的。因而可以說，質料和靈魂一樣，是有形事物存在的先決條件和前提。如果沒有質料的惡（或缺乏），則靈魂也不無必要提供形式，將不會有質料和形式的結合而產生出的有形世界。因此，

---

⑳　同上，1卷8章5節，5～12。

㉑　《九章集》，2卷3章18節。

有人提出這樣的問題：從有形世界存在的必然性能否追溯先於它存在的惡的必然性？柏羅丁並沒有否定這種說法，但作了一點修改，即，從有形世界的完滿性可追溯到惡的存在的必然性。這樣就把惡的必然存在作為善（完滿性）的一個補充。在此意義上，柏羅丁甚至說，那些否認惡的必然性的人實際上也摒棄了善，因為如果沒有惡，一個人的靈魂「將失去了目標」。㉒柏羅丁按照辯證法的原則看待善與惡的對立和關係。辯證法所承認的「相反者相成」的原則也適應於善惡之間的關係。他在《九章集》第一卷第八章第七節提供了這樣兩個論證：第一，質料的存在對於一個被靈魂活化了的有形世界是必然的；第二，惡的存在對於「流溢」(ekbasis) 的過程也是必然的。任何過程都有起點，也有終點；既然流溢啟始於善，它也必然終止於惡。這是從形而上學觀點所作的論證。從倫理學的角度來看，善惡也有這種「相反相成」的關係。靈魂之所以從本體地位下降到質料之中，是為了最終克服惡而復歸於善。因此，如果說，靈魂的墮落是偶然的，那麼，這種偶然性的發生是為了彰顯某種必然性，即，人的靈魂棄惡從善的回歸的必然性。但這種必然性以惡的存在為前提，這就是為什麼柏羅丁說，如果沒有惡，靈魂將失去目標的道理所在。

總之，如果沒有惡，那麼，不論是創世的過程，還是流溢的過程，還是靈魂活動的過程，都將不是完滿的全過程。我們應該記住，柏羅丁是按柏拉圖的辯證法的原則來處理任何活動過程的，善和惡的對立是過程的完全所不可或缺的兩個環節，因此，惡和善一樣具有必然性。當然，惡的必然性來自善的必然性。

在這裡，我們還應把惡的本身和關於惡的範疇區別開來。惡的

㉒ 《九章集》，1卷8章15節。

本身是無規定性的，不可認識的，並不依賴於本體。但是，關於惡的範疇，如「永恆性」、「必然性」、「無定」，等等，是人們認識或理解惡的工具。任何範疇都來自於心靈的理念。這意味著，人們只能在與本體相對照的條件下，才能對惡有所悟，有所說。這還意味著，惡在認識上，在邏輯上是依賴於本體的，但這並不意味著，惡的存在是由本體所創造出來的。柏羅丁在處理善惡關係時，既不能把惡歸約為善，或用善統攝惡，又不能走上二元論。這與他在處理質料問題時的處境相同。只不過他對惡的說明表現出更多的神正論的意圖和立場。

三、第二性的惡

柏羅丁區分了「惡」(kakon) 和「邪惡」(kakia)，前者指質料，後者則指人的負面品行。對於邪惡，他給出以下定義。

> 邪惡是靈魂的無知和過度，是第二性的惡，而不是絕對之惡。㉓

那麼，靈魂的邪惡是如何產生的呢？柏羅丁分析說：「或者歸咎於下降的原因」，或者因為「當靈魂到達下界時所作的惡」。㉔前者是靈魂尚未和質料結合時，導致靈魂下降的原因。柏羅丁明確把這一原因歸咎為質料：

> 質料是靈魂的軟弱和邪惡的原因，它是在靈魂之前的惡自身，

㉓　《九章集》，1卷8章8節。

㉔　同上，4卷8章5節。

是原初的惡。[25]

我們知道，靈魂是不安定的活動本體，它可以被心靈所吸引作向上運動，也可以被質料所吸引作向下運動。質料對靈魂的吸引，被視作靈魂下降的原因。靈魂的下降運動，從形而上的意義來說，已經是一種惡，但還不是倫理意義上的惡。當靈魂與質料結合，產生出形體，包括人的肉體；再與人的肉體結合時，才產生出倫理上的「邪惡」。這就是，靈魂耽於肉體享受，沉緬於「無知和過度」的狀態。「無知」指忘記了自己的本性，安於墮落；「過度」指超出了靈魂固有的理性，成為「無理性的部分」。

應該指出，柏羅丁並沒有把形體或肉體說成是邪惡的原因。與肉體相結合的人的靈魂也並非都是邪惡的。比如，天體被說成是有形的神，它們並無惡性；有德性的人的靈魂也無惡性。即使下降在肉體之中的人的靈魂，仍然有抉擇的能力：它或者作向上運動，脫離身體，回歸心靈，或者耽於肉體。在後一種情況下，靈魂的能動力量不起作用，惡的缺乏狀態便開始起消極作用了。柏羅丁使用這樣一個比喻：

> 好像在集會時，長者在打瞌睡，不受約束的群眾貪嚼食物，發洩不滿，把整個會議變成一場喧鬧……如果好人繼續沈默，壞人就會橫行，因為整個氣氛不容接受理性的聲音。[26]

嚴格地說，邪惡並不是肉體的行為，而是靈魂的行為。當靈魂耽於

[25] 同上，1卷8章14節。

[26] 《九章集》，6卷4章15節。

肉體享樂時，靈魂並沒有完全靜止，靜止的只是理性靈魂。肉體的欲望和滿足是非理性的低級靈魂的活動，是質料所造成的。質料本身不能活動，但它的缺乏狀態卻吸引靈魂向它活動。這就是說，邪惡是靈魂的悖逆行為，當靈魂不依從本性追求心靈，卻轉向不合其本性時，就會發生邪惡行為。

柏羅丁把邪惡解釋為追求肉欲滿足，但又沒有把肉體作為邪惡的原因。他注重的是個人靈魂的淨化，並不把禁欲作為公眾規範。柏羅丁要求人們注意節欲養生，認為飲食男女只要不成為生活的目標並無不當之處。但另一方面也認為，適當的生活習慣只是消極的避惡，還不是積極地求善。他說：

> 這類事情並不是罪惡，而是正當行為。但我們不應以無罪為目標，而要以神為目標。當一個人無意做這類事情時，他一半是神，一半是魔鬼；當他完全不做這類事情時，他全然是神。㉗

第三節　時間學說

柏拉圖在《蒂邁歐篇》裡說，時間是「永恆性的流動影像」。㉘這句話是柏羅丁關於時間學說的根據。按照柏拉圖「兩個世界」的區分，柏羅丁把永恆性歸諸心靈中的理念世界，把時間歸諸可感世界，前者是後者的原型，後者則是前者在運動中的展開，故成為「流動影像」。柏羅丁的時間學說不僅是對柏拉圖一個觀點的注釋，這

㉗　《九章集》，1卷2章5節。

㉘　柏拉圖：《蒂邁歐篇》，37d5。

一學說分析縝密，內涵豐富，並對希臘哲學家的其他時間學說，加以批評，具有很高的綜合性。在哲學史上，這一學說構成了繼亞里士多德之後的又一完整的時間學說，對基督教神學影響尤為深遠。

柏羅丁認為，心靈的思想活動是以自身為對象的「思想的思想」，因此，心靈在思想時處於不動的狀態，尤如亞里士多德所說的「不動的推動者」。再者，心靈所包含的眾多理念型相也一成不變地共存在一起。心靈的這種無始無終的、絕對無變化、不活動的狀態就是永恆(aion)。柏羅丁對此的定義是：

> 那充滿的、完全的、沒有伸展或間斷的、全部存在於存有之中的生活，就是我們要尋找的永恆。[29]

「存有」和「生活」是「心靈」的代名詞，或者說，心靈是一切存有和生活的源泉。但是，這個源泉不是流動的活水，因為它完全充實，「沒有伸展或間斷」。對於這句話，我們可以有如下理解。

首先，心靈的永恆是相對於運動而言的。我們在前面讀到，柏羅丁承認，心靈包含著「動」和「靜」的統一。因此，心靈的永恆不應被理解為絕對的靜止。心靈既然是生活，當然不可以沒有生命活動。但是，最完善的生命活動首先指純思想活動，這種活動既不是位移，也不是狀態的變化。心靈是無形體的。無論心靈全部，還是它所包容的理念型相，都不占有任何位置，當然談不上從一個位置到另一個位置的移動。另外，心靈世界也無狀態的變化。狀態的變化是由於兩個存有狀態的差異所引起的。柏羅丁雖然承認心靈是「同」和「異」的統一。但他所承認的心靈的差異只是「思想活動」

---

[29] 《九章集》，3卷7章5節。

和「思想對象」的範疇上的區分。但由於心靈是對自身的思想，思想活動和對象實際上是同一存有，因此，純思想並不引起存有狀態的變化。心靈的永恆指的是動和靜的統一。心靈活動既不是位移，也不是性質、狀態的變化，我們很難想像，或用類比來解釋這是一種什麼樣的活動，但按照亞里士多德關於思想的思想的說明，我們至少可以在思辨上理解這種活動的存在。心靈的靜止則指留駐於自身、與自身相同一的狀態。按以上分析，我們可以簡單地說，永恆性就是心靈的純思想活動的同一性。

其次，永恆性是與時間相對立的，就是說，永恆不是時間的性質，也不在時間之中。柏羅丁明確地說：

> 如我們所相信的那樣，心靈的每一活動是無時間的，因為那裡的存有在永恆之中，而不在時間之中。那裡不可能有關於低級事物和一切事物的記憶。每一個東西和一切東西都呈現在那裡，既沒有推演的思想，也沒有從一處到另一處的移動。㉚

時間是從過去到現在和將來的持續，永恆則是固定不變的「現在」。如上述引文所示，柏羅丁說，心靈沒有記憶，就是說，沒有過去；另一方面，心靈也沒有伸展，既沒有從一個理念到另一個理念的推演，也沒有從一個位置到另一個位置的移動；沒有伸展則沒有將來。心靈以及它所包含的理念型相，自始至終都呈現出不變的樣態。因為沒有變化，一切都和當下的存在相同，也就是說，永恆即永不變化的現在。永恆不是時間的性質，因為它沒有過去和將來。永恆不

㉚ 《九章集》，4卷4章1節。

在時間之中，因為時間中的現在轉瞬間變成過去，或伸展到將來。

柏羅丁和柏拉圖一樣，認為時間和時間中的一切，都是按照永恆的心靈為原型而被創造出來的，並且，時間是隨著靈魂的活動而被創造出來的。柏羅丁對時間的定義是：

> 時間是靈魂在一種樣態轉向另一種樣態的運動裡的生命。㉛

我們知道，靈魂的運動是位移和狀態的變化，包括從一觀念推演到另一觀念的思想活動和變化。靈魂的生命活動的特殊性就在於時間性。可以說，時間的流逝過程就是靈魂的生命過程，兩者並不是兩個過程，因此，柏羅丁把時間定義為靈魂的生命過程。靈魂的生命只有開始，而沒有終結（因為柏羅丁相信靈魂不朽）。同樣，時間有開端，但無終點。當靈魂被創造出來的同時，時間也就被創造出來了；並且，靈魂和時間都不是在時間中被創造出來的，而是在永恆的心靈裡產生出來的。我們知道，柏羅丁曾用靈魂的運動的欲望，來解釋靈魂何以會脫離心靈本體，而成為一種獨立的能動力量，這一解釋同樣適用於時間的起源。柏羅丁給出這樣的描述：

> 既然靈魂是不安定的能動本性，它想要自主自立，因此自己尋求超出自己所處的當下不變狀態。當靈魂運動時，時間隨之運動。這樣，它總是朝向「前一個」和「後一個」移動，朝向不是同一的東西，從一個移往另一個。當它的活動被展開為一個足夠長的過程，時間就被作為永恆的影像而被造出來了。㉜

㉛ 《九章集》，3卷7章11節。

永恆之所以能成為時間的影像，就在於永恆是不變的「現在」。靈魂的運動超出了永恆的「現在」狀態，但同時又把不變的「現在」變化為流動的「現在」：當靈魂朝向「前一個」東西移動時，「現在」伸展為「將來」；當靈魂朝向「後一個」東西移動時，「現在」消逝為「過去」。正因為如此，時間才能被說成是「永恆的流動影像」。

柏羅丁雖然使用的是柏拉圖主義的語言，但他把時間的性質解釋為「現在」的延續，這是一種以「現在」為中心或原型的時間觀。這種時間觀實際上繼承了亞里士多德的思想。亞里士多德曾把時間定義為「依前後而定的運動的數目」。「依前後而定」指均勻計數的方式，「運動的數目」指按此方式衡量運動所得到的一個個數目，即一系列的「現在」。每一個時間單位都是間斷的「現在」，時間的連續則是「現在」的延續。亞里士多德於是說：「現在就是能被計數的先後數目，不論在先還是在後，現在都是同一的存有（因為先與後都在運動之中），但又不是同一的（因為現在於計數過程中有先後之分）。」㉝亞里士多德在哲學史上第一次把時間的單元分析為「現在」，把時間解釋為「現在」的連續系列。這種以「現在」為基礎的時間學說比較完滿地解釋了時間的均勻流動性、前後不可逆性、可分割的間斷性和不可分割的連續性，等等。

柏羅丁的時間學說也以「現在」為基礎。按他的解釋，永恆是固定不變的「現在」，是原型，時間則是「現在」的流動或連續，是摹仿的影像。他用種子的成長比喻「現在」的延伸。他說，當種子成長為一生物時，只是不斷地重複自身，以致該生物的每一部分都包含有種子，生物體好像是眾多的相同種子的積累。古代人所說

㉜　《九章集》，3卷7章11節。

㉝　亞里士多德：《物理學》，220a25, 219b11～14。

的「種子」，不只是植物種子，更重要的是指精胚、物種。靈魂也和種子一樣，當它運動時，把永恆的摹本放置在所經過的一個個東西之上，形成了摹本的先後連續的系列，即時間的系列。每一個摹本都是一個「現在」，它在時間中消逝為「過去」，伸展為「將來」。我們可以想像這樣一個例子：好像一個人端坐不動，很多活動著的照相機經過他的面前，攝下一張正面像便流逝而去，由此形成的是相同照片的流動系列。這個人猶如不動的理念型相，他的照片系列猶如靈魂運動時所攜帶的原型的摹本，這些摹本是可感事物的形式。靈魂把這些形式加諸質料之上形成可感事物的生成過程，也就是把可感事物放在時間裡的過程。柏羅丁說：

> 靈魂按照對心靈世界的摹仿，造成可感世界，它朝向那些尚無存有的地方運動，要把自己的影像帶往那裡，首先把自己置於時間之中，然後把永恆的影像帶到那些生成出來的東西，使它們成為時間的奴隸，讓這一切都存在於時間之中。因此，可感世界在靈魂中運動，這個世界除了靈魂之外，沒有任何其他位置可以留駐，那麼，它也在靈魂的時間裡運動。[34]

柏羅丁的時間學說，可以看作是柏拉圖和亞里士多德觀點的綜合。他保留了亞里士多德關於時間是「現在」的連續系列的解釋，但不同意說，「現在」是用均勻計數方式衡量運動的產物。他按照柏拉圖的說法，把「現在」解釋為靈魂在運動中不斷地摹仿永恆的原型所形成的「流動的影像」。柏羅丁反駁亞里士多德說，如果時間是衡量運動而得到的數目，那麼它是什麼數目呢？任何數目都有

[34] 《九章集》，3卷7章11節。

一定的數量，同樣，每一段時間都有一定長短，但是，時間的性質不能用時間的長短來說明，不能被歸結為數量。再說，時間如果是衡量尺度，它究竟在運動系列之中，還是在數目系列之中？如果它在運動之中，則它的運動還需要另一尺度來衡量；如果它在數目系列之中，則它只是數量而已，還需要獲得某一特定性質，才能成為時間。在這兩種情況下，我們都首先決定時間的性質，然後才談得上對運動的衡量。柏羅丁的結論因此是：時間是衡量運動的先決條件，而不是衡量運動而得到的數目。[35]

柏羅丁還反駁了斯多亞派的時間觀。斯多亞派把時間定義為運動，尤其是宇宙的循環運動。柏羅丁說，運動可以中斷或停止，時間卻不能。運動在時間之中，但不等於時間，因為在某一時間，有些事物在運動，有些事物則靜止不動，運動有快慢之分，時間的流逝則是均勻的。即使永不休止的循環運動，也是某些東西的運動；在同樣的時間裡，其他東西在以其他方式運動，因此，時間不能被等同為某些東西的運動。只能說，所有運動都在時間之中。[36]

最後，柏羅丁針對伊壁鳩魯派的時間觀，指出時間不是運動的屬性，因為有些事物不在運動之中，它們也在時間之中。如果時間是運動的屬性，那麼，那些不運動的靜止事物便無時間性了。[37]在柏羅丁時代，人們還沒有「相對運動」的觀念，運動和靜止被當作事物的兩種狀態。柏羅丁的反駁只是對於這種流行觀念才是有效的。但我們也不必苛求古人，要求柏羅丁提出一個在當今也有效的論證。嚴格的說，他的時間學說並不是嚴格的論證，而只是在柏拉圖和亞

---

[35] 同上，3卷7章9節。

[36] 《九章集》，3卷7章8節。

[37] 同上，3卷7章10節。

里士多德學說基礎上所作的綜合性的解釋。

第四節　可感世界的構造

柏羅丁力圖證明，可感世界的一切規定性，除了上節討論的時間之外，還有空間、性質、運動和規律，等等，都來自本體。可感世界的構造有一定的層次，這就是，較低一級的事物較少依賴於本體，或者說，只是較少數的和較低級的型相的摹仿；事物越高級，它所依賴的型相越多、越高級。我們可以按照可感世界對本體世界的依賴程度，把它分析為這樣四個層次。

一、空　間

空間是可感事物最普遍，也是最低級的形式。但即使最低級的形式也不是質料固有的，我們甚至不能說原初質料在空間之中。只有當靈魂彌漫開來，把質料包容在其中，質料這團原初的混沌才有了一定的界限，質料和靈魂共同構成的可感世界才有了確定的位置。可感世界的界限和位置即空間。按柏羅丁解釋，空間表示的是結果在原因之中，可感世界是靈魂所造成的結果，因此在靈魂之中，這個彌漫在世界、無所不包的靈魂即柏拉圖所說的「世界靈魂」。按照空間關係來想像世界靈魂與可感世界的關係，可感世界在世界靈魂之中，而不是相反。用柏羅丁的比喻，可感事物在靈魂之中，猶如一顆果殼漂浮在海上。[38]這是因為：靈魂是世界的原因，包容世界於其中。當然，這並不是說，世界靈魂自身是空間，空間表示的是原因和結果之間包容和被包容的關係。如果沒有被靈魂所作用的

---

[38] 《九章集》，4卷3章9節。

質料，如果沒有這種作用所造成可感世界，靈魂本身並不是空間，也不在空間之中。只是依靈魂與它所創造的世界的關係，我們才能談論世界的空間。

二、形　體

空間只是可感世界的位置，還不是個別的可感事物的形狀。柏羅丁說，任何個別的可感事物都是「形體」(soma)，並把形體定義為「與質料在一起的性質」。[39]形體首先有形狀大小，其次有顏色、硬度、溫度等性質，最後，有些形體還有生命的性質，等等。所有這些性質都是存在於心靈世界的型相的摹本，由靈魂的運動攜入質料之中，使質料依次獲得這些性質，而變成一個個個體，包括無機體和有機體（植物、動物和人）。

柏羅丁把可感事物看作是形體，而不是實體，這是他與亞里士多德的重要分歧。亞里士多德認為，每一個可感的個體都是形體和形式的結合，形式在這裡指本質，而不是偶性；形式提供關於可感實體的定義，或者說，構造了定義的屬差。比如「人」的定義是「有理性的動物」，屬差「理性」指示人的本質，即人的理性靈魂。但是，柏羅丁卻認為，可感事物只是性質和質料的「集合」(symphoresis)而已，[40]並無自身本質。他還說，規定可感事物的屬差只是形狀(morphas)，而不是形式(eidos)。他說：

> 可感事物的屬應如何決定呢？如何區別它們呢？所有一切都應被歸為形體一類，有些形體是無機的，有些是有機的。無

---

[39] 《九章集》，2卷7章3節。

[40] 《九章集》，4卷3章8節。

> 機的形體是火、土、水、氣，有機的形體是植物和動物。它們的屬差依據的是它們的形狀。因此，人們按照形狀來規定土和其他元素的屬，對待有機的形體，則按照植物和動物形體的形狀，來區分它們。㊶

柏羅丁不同意亞里士多德關於可感實體觀點的理由，至少有兩點是值得我們注意的。首先，柏羅丁認為，一類可感實體所顯示出的共同性質只是可感性質，並無人的理性靈魂才能認識的形式或本質。他說：

> 我們關於可感實體的討論不應忽視如何依照屬差來區分它們。這些屬差是向感覺所呈現的，因此，可感實體不是單純的存有，而只是為感官所知覺，只屬於我們的世界。我們堅持認為，它們的表面上的存在只是可感知的性質的集合，它們的存有只靠感覺來保證。㊷

這段話頗有一千三百年後的英國哲學家貝克萊(G. Berkeley)所說的「存有等於被感知」的意思。不同的是，柏羅丁在這裡並不是在為被感知的存有辯護，而在貶低它的可靠性和真實性。可感事物的屬的規定性是被感知的性質的集合，因此，「不是單純的存有」，只有「表面上的存在」。 用柏拉圖的話來說，它們只是「影像的影像」，可感性質只是理念型相的「摹本的摹本」，作為可感性質集合的可感事物不是真正的實體。我們知道，亞里士多德通過對柏拉圖的理念

㊶ 同上，6卷3章9節。

㊷ 《九章集》，6卷3章10節。

型相論的批判，建立了關於感性實體的學說，其核心在於堅持，本質、形式（eidos，即理念、型相）不與可感世界相分離，而在可感事物之中。柏羅丁對可感事物的解釋可以說是為柏拉圖回擊了亞里士多德。他指出，可感事物之中只有形體的規定性，而它們的本質恰恰來自另一個世界。

第二，柏羅丁指出，可感事物的定義所能提供的只是種和屬的規定性，而不是它們各自獨有的本質規定性。這一批評可謂擊中了亞里士多德的要害。亞里士多德承認，可感事物都是「這一個」，實體的本質規定性應包括個別性。然而，當他把形式說成是本質定義時，他總不能離開「種加屬差」的定義形式。也就是說，他所謂的形式，仍然是柏拉圖所說的個體所共享的普遍本質，因此，他只能說明「蘇格拉底」所具有的人性（理性），但卻不能說明「蘇格拉底」的個性。㊸

我們在第二章第五節談到，靈魂作為創世的生成原則是個別形式，現在我們可以更明確地解釋柏羅丁的這一觀點。這意味著，靈魂構成的是可感事物的個別本質，並同時構成了我們關於事物本質的理性概念。無論本質還是概念，都來自可感世界之外的本體——心靈和靈魂。這又從另一個方面維護了柏拉圖對兩個世界的區分和「分離學說」。我們在以下予以闡述。

三、本　質

柏羅丁說，靈魂「不像醫生那樣從外部，而是像本性那樣從內部」決定著可感世界。㊹這就是說，靈魂不只是把可感世界當作形

㊸ 關於亞里士多德的思想矛盾，參閱拙著《西方哲學通史》，第一卷(北京大學出版社1996年出版)，頁215～217。

體，像醫生只醫治人的身體一樣，而是把可感世界當作自己本性的產物。這並不是說，靈魂是可感世界內部的本性，因為我們已經看到，柏羅丁認為世界在靈魂之內。靈魂和世界的關係不是外在的，靈魂在自身之內展開自己的本性，所形成的就是可感世界的本質。這裡需要區分的是，柏羅丁所說的「本性」(physis)不是可感事物的內在本質，而是外在於可感事物的生成原則，他通常稱之為「邏格斯」(logos)，它原屬於心靈本體。當靈魂脫離心靈趨向質料時，便用它作為一個能動的生成原則。「邏格斯」包含有各種「理性形象」(logoi)，它們是心靈所包含的理念型相的複本。每一個理性形象都是個別的形式，猶如斯多亞派所說的「種子理性」(logos stermatikos)，決定著身體的發育成長，但不隨著身體的衰亡而消失。柏羅丁用同樣的語言說，靈魂

> 展開自身，向大處伸展，但又不隨著增大而分裂；相反，它保持著自身的統一，讓增大的東西在自身之外消耗，逐漸變小。㊺

這裡描述的是在靈魂生成原則支配下，形體成長而又衰落的過程。更重要的是，生成原則不但決定可感事物的形體的生滅，而且決定著每一個可感事物所特有的本質。因為靈魂生成原則是由個別形式所決定的。這些形式隨著靈魂的運動，在時間裡展開，不斷重複自身。在此過程中，個別形式並不改變，所改變的只是與它結合的一個個形體。因此，在不同的時間裡，可以有形體不同，但本質相同

㊹ 《九章集》，4卷4章11節。

㊺ 《九章集》，3卷7章11節。

的個別事物。猶如一個相同的人，在某一時間裡是畢達哥拉斯，在此之後又是蘇格拉底。這一點我們在解釋靈魂中「一」與「多」的關係時已經提及，現在聯繫柏羅丁的時間觀和形體觀，再來看待靈魂與可感事物的關係，我們可以更加清楚地理解柏羅丁關於本質的學說。

形體所對應的人的認識形式是感覺，本質所對應的認識形式卻是理性概念；感覺只是理念型相的摹本的摹本，概念卻是理念型相的直接摹本，或者說，是人的靈魂所包含的理性形象。關於兩者的對照，柏羅丁寫道：

> 我們的靈魂中必有真知識，它們不是可感世界事物的形式的影像或摹本，而是形式本身的另一種樣態。[46]

按柏拉圖關於兩個世界的區分，認識對象對應於認識內容，真正存有的理念型相對應於知識，似是而非的存有的現象對應於感覺（或意見）。柏羅丁按照這一原則，區分了可感事物和形式，屬差和本質，感覺和知識。他的結論是，可感事物的規定性只是屬差，不是本質，它的存有不是形式和形體的結合，而只是性質和質料的結合，對它的認識是感覺而不是知識。所有這些意在說明，可感事物不是實體（雖然他有時也使用「可感實體」這樣流行術語)。「實體」的應有之義在於「存有」、「本質」、「個別性」和「可知性」,而所有這些規定性都只屬於與可感事物相分離的靈魂，或者更確切地說，靈魂的個別形式。

---

[46] 《九章集》，5卷9章13節。

四、神　意

柏羅丁對神意是否存在以及神意的作用的問題進行了詳細探討，內容相當龐雜。他的神意觀大致可分為兩部分，一是有關神正論的內容，二是關於世界規律的看法。神正論部分說明，世界是造物主（即「世界靈魂」的代名詞）按照理性意願（即「心靈」的理念型相和「靈魂」的欲望和選擇）所創造出來的，好像是完美的工藝品。世界的秩序被天命所預知，所規定。惡是為了達到善的目標的必經途徑。惡是善的缺乏，善在一處缺乏導致的是在另一處的出現，在一時的缺乏引起另一時的出現，在一部分人中的缺乏顯示出在另一部分人中的存在。總之，惡的存在及其必然性和天命的善和先定、先知並不相抵觸。這一點我們在本章第二節已有闡說，茲不贅述。

值得我們在這裡注意的是柏羅丁對於世界規律性的看法。首先，柏羅丁把天命解釋成心靈所安排的秩序。但他不是宿命論者，也不是嚴格的決定論者。因為心靈不在時間之中，它所安排的是永恆的秩序，並不預先決定某一事件在某一時刻實現。其次，當永恆的秩序被靈魂運用於可感世界之中，它所涉及的不再是純粹的理念型相，而是混雜的事物，事物之間相互衝突、彼此有別，甚至有善與惡那樣的根本對立。但是，神意使整個世界處於和諧、完滿、有序狀態。按照心靈的永恆秩序，世界之中千差萬別的事物按照較低級服從較高級的等級，被安排為和諧整體。神意的作用實際上是靈魂依照心靈的秩序，影響並決定事物的變化，它表現為高一級事物的靈魂對低一級事物靈魂的影響和決定。按照古代宇宙體系，星辰是高於人類的存有，因此，星辰可以影響人生。但柏羅丁說，人的靈魂可以從心靈本體獲得關於天命的知識，因此可以預測到其他靈魂可能發生的影響力，可以預測到的影響力是可以避免的。因此，人生過程並不是不可改變的命運。後來如新柏拉圖主義積極從事占星術和巫術，其理論正是基於靈魂相通的神意觀。

柏羅丁的神意觀是針對當時流行的希臘各派學說發展起來的。伊壁鳩魯派否認神意，認為神不為人事所累，不關心世間之事；亞里士多德也說，神與人之間沒有友誼，神不會愛人，因此也不會用善意去安排自然界；斯多亞派卻推崇神意，認為自然和人間的一切都由神意所支配，所預知，所前定，神意是不可抗拒，無法避免的；諾斯替派則持悲觀的神意論，認為可感世界被惡的天命所支配，世間和人間的一切，包括人的肉體，毫無善性，毫無價值，只有通過靈通，在另一個世界獲得拯救。柏羅丁對這些神意觀一一加以反駁。針對伊壁鳩魯派，他說，神雖不關心世間細末之事，但卻以自身永恆秩序，事先安排好了世界整體；針對亞里士多德，他說，神雖不像一個人那樣愛人類，但卻能吸引人的靈魂愛神（心靈和太一），天命所指示的正是靈魂追求神的必然性；針對斯多亞派，他說：

> 如果神意就是一切，那麼將不會有神意，因為神意將不能為祂所要規定的東西提供任何東西。[47]

這句話的意思是，這種神意觀不能提供對神意的預測，而這種預測正是人們談論神意、理解神意的目的所在。因此，不可改變的神意是毫無意義的。針對諾斯替派，他說，惡運並不是神意，只是神意的一部分，苦難和惡運對於有德性的人來說，正是使他們獲得善、

---

[47] 《九章集》，3卷2章9節。

彰顯善的神意。歸根到底，神意是神的善的安排，世界的秩序是和諧和完滿。

以上這些，就是柏羅丁對我們所處的世界的看法。

第四章　人的靈魂

柏羅丁說:「三個本體既然在自然之中，它們也在我們之中。」[1] 意思是，太一、心靈和靈魂既然是無所不在的本性，它們也構成了人的本性，或者說，人的本性是這三個本體所構造的本性的一部分。柏羅丁按照人的本性，把人分成三類，他們的人性分別被靈魂、心靈和善所決定。另一方面，與人的肉體相結合的只是個人靈魂，而不是心靈，更不是太一。只是有些個人靈魂能夠上升到心靈，甚至太一，另一些個人靈魂則保持在下沈於肉體的狀態，由此造成了這三種人性的差別。柏羅丁對於人的靈魂的本性、狀態、活動特徵和歸宿的解釋和闡述，表達了一種新的人性論，它既有形而上的思辨、神秘主義的玄想，又有一些即使從現代心理學和生理學觀點來看仍不失其意義的論斷；還有知識論、倫理學和美學等方面的內涵。以下各節將以柏羅丁的靈魂觀為核心和基礎，對他的人性論作一概覽。

第一節　人的靈魂的實體性

柏羅丁所說的人的靈魂來自靈魂本體，但又不同於靈魂本體。首先，靈魂本體作為普遍的存有和本性，包容並彌漫於世界，被稱

[1] 《九章集》，5卷1章11節。

作世界靈魂。其次，靈魂作為可感事物的生成原則，既可以被理解為世界靈魂在時間中顯露出來的理念型相的流動影像，也可以被理解為和各種形體結合在一起的個別形式。在後一種情況下，靈魂是個別的種子理性，它在形體內部規定著一事物的本性，並在不同時間裡的不同形體之中保持自身、展開自身。作為個別形式或種子理性的靈魂，可以說存在於一切有生命的機體之中，不唯獨存在於人的身體之中。最後，我們再來看一看，人的靈魂與前兩種意義上所說的靈魂相比較，有哪些特殊性。第一，與人的靈魂相結合的人的身體不是一般的形體，而是高度複雜的、具有複雜機能的肉體，它不但像一般形體那樣被靈魂所規定，而且在不同程度上影響著人的靈魂，極而言之，它甚至可以控制人的靈魂。柏羅丁採用柏拉圖的比喻，說明人的靈魂和身體的結合，是兩個獨立實體的結合，兩者的關係或者猶如船長之於船隻（當靈魂支配身體時），或者猶如囚犯之於牢房（當身體支配靈魂時）。第二，人的靈魂與其他事物的靈魂之間有「同情」的親緣關係。雖然這種關係普遍地存在於所有事物的靈魂之間，但是，只有人的靈魂具有主動地覺察來自其他靈魂的能力，也有主動地、自覺地對其他靈魂施加影響的能力。因此，認知、預測，按照自己意願改變其他事物的能力是人的靈魂所特有的。第三，把上述能力推而廣之，個人靈魂可以與世界靈魂相通，這就是，可以沈思、欣賞和觀照世界靈魂中所攜帶的理念型相，並以這種方式，進入那些理念型相所存寓的永恆心靈。

柏羅丁所說明的個人靈魂的這些特質正是個人靈魂的實體性。柏羅丁是在亞里士多德所闡明的意義上來使用「實體」(ousia)這一概念的：實體首先是完全的存有，它不依賴於其他東西而存在，並且是存有著的性質和關係所附屬的載體；其次，實體是分離的存有，就是說，它與其他實體相互獨立，不但在空間有各自不同位置，而且在性質方面互不依賴；再次，實體是個別的存有，每一個實體都是「這一個」，都有各自的本質，由此表現出存有的獨立性。柏羅丁力圖證明，個人靈魂完全具有實體的這些規定性。

柏羅丁依照他的一貫風格，在與其他哲學派別的論戰中，堅持和維護柏拉圖主義的立場。幾乎每一個希臘哲學家都有關於靈魂的學說。除了柏拉圖主義的靈魂觀之外，其他哲學派別對於「人的靈魂有無實體性」的問題，有兩種較為典型的立場。一種是伊壁鳩魯派和斯多亞派的立場。他們把人的靈魂看作是與肉體在本質上相同，但更加精細的有形實體。比如，伊壁鳩魯說，靈魂是

> 身體的精細部分，分佈在原子的整個集合之中，它與心臟的精氣非常相似，一方面像精氣，另一方面又像心臟。還有比這些更精細的部分，它能與集合的其他部分相和諧。❷

斯多亞派也認為，靈魂是充斥於身體的精氣，由最活動、最精細的火元素和氣元素混合而成。這種立場是古代唯物主義的靈魂觀。

還有一種立場，否認靈魂是實體，這可以被概括為古代自然主義的靈魂觀。它認為，靈魂既不是有形實體，也不是無形實體，而是人的身體的功能或狀態。亞里士多德是這一立場的主要代表人物，他對靈魂的定義是：「潛在地具有生命的有機形體的首要現實性」。❸靈魂和肉體按照實在與潛在關係結合為實體，靈魂是該實體的形式，肉體則是質料。亞里士多德所謂的「形式」、「現實性」在這裡主要

---

❷ 伊壁鳩魯：《致哈羅德的信》，63節。

❸ 亞里士多德：《論靈魂》，412a，27～28。

指功能。他按照生命的營養繁殖、運動感覺和理性思維的功能，把靈魂分為植物靈魂、動物靈魂和理性靈魂這樣三類。人的靈魂是理性靈魂，同時兼有植物靈魂和動物靈魂的功能，但也不能離開肉體而獨立存在，因為靈魂不是實體，而只是肉體的形式或功能，隨著肉體的死亡，靈魂這種功能也就消失了。公元三世紀之際，除了逍遙派持這種靈魂觀，晚期畢達哥拉斯派也持類似觀點，他們認為，靈魂是身體的和諧狀態，它並不是實體，而是身體各部分之間的一種關係。

除了上述唯物主義和自然主義的靈魂觀之外，還有一種唯心主義的靈魂觀。柏拉圖主義就是這一立場的典範。柏拉圖主義靈魂觀的要點可被概括如下。

⑴人的靈魂是一種無形的實體；

⑵人的靈魂和肉體的結合是兩個實體的結合；因此，

⑶人的靈魂並不隨肉體死亡而朽滅，相反，肉體死亡之後，人的靈魂繼續存在，或者與其他肉體繼續結合，或者保持其純粹性；

⑷人區別於其他可感事物的特殊表現，如知識和德性，都來自於靈魂，人與其他有機體相同的行為，則來自肉體。

柏羅丁維護柏拉圖主義靈魂觀的要點，對唯物主義的和自然主義的靈魂觀進行了批駁。對於唯物主義的靈魂觀，柏羅丁提出了以下一個駁難：

> 如果有人說，生成原則不可能來自靈魂，並說沒有部分的原子或形體構成靈魂。這些原子或形體被一種同一的親緣性聯合成一個整體，那麼，我們可以這樣反駁他：這些原子或形體僅僅是組合，而不是一個完整的統一體。因為任何一個靠

> 自身的同情而結合的統一體不可能來自沒有親緣性、沒有聯結能力的形體。只有靈魂才能通過同情與自身相聯結。形體或大小不能被沒有部分的要素所產生。❹

柏羅丁所說的「親緣性」(homopatheia)和「同情」(sympathous)指的都是彼此相通的情感(patheia)，這是一種聯結力。他爭論說，只有靈魂才具有這種聯結力，形體沒有這種能力，因此，靈魂不是形體。柏羅丁的這一論證似乎是一循環論證，他首先肯定形體之間的聯結力是這些形體所不具有的情感(「同情」)，然後再否定形體能夠具有這種聯結力，由此「證明」形體不是只有能夠起這種聯結作用的靈魂。確實，上述論證的關鍵是：為什麼形體不具有彼此「同情」這種能力？我們不能從字面上便斷定形體不可能有情感，因為希臘人所說的「情感」，並不只指與形體活動相對立的精神活動，它有比現代所說的「情感」更寬泛的含義，舉凡親緣力、感應力或吸引力，都可被稱作「情感」。公正地說，柏羅丁並沒有不加證明地否定形體自身不可能具有「同情」的感應力。他在不同的章節對人的心理活動進行分析，得出相同的結論：人的身體不可能具有人的心理活動所需要的能力，因此，心理活動的來源必定是與身體不同的實體，即人的靈魂。

我們先談感覺活動。感覺不只是各個感官的活動。各個感官有著不同的活動方式，產生出不同的效果，比如，眼睛看到的是形狀和顏色，耳朵聽到的是聲音，鼻子聞到的是氣味，身體接觸的是光滑、硬度等。但是，這些活動和效果之間具有「同情」的聯繫，因此，不同的感官可以有相同的感覺，比如，看到事物的顏色同時也

---

❹　《九章集》，4卷7章3節。

能感覺到它的硬度、滋味等，這就是後人所說的「通感」。柏羅丁以感官活動和通感的區別說明，感覺（即通感）不是感官所造成的，而是由感官之外的同情在感官活動效果之間產生的共同性。

其次，記憶也不是身體活動。如果記憶是身體的一部分在另一部分上留下的印記，那麼，後來的印記將覆蓋過去的印記，過去的印記也會淆亂新發生的印記。很明顯，如果印記是有形的話，那麼這些印記將彼此重疊、覆蓋，最後將不會有清楚的印記，結果人也將不可能有記憶。這就說明，記憶的產物不是有形的印記，而是無形印象。這些印象按一定秩序排列，以致想起一個印象就可以聯想到另一些，觸景生情，觸類旁通，使我們對過去事件的系列有完整的記憶。印象的秩序來自它們之間的同情。總之，記憶的印象既不是有形的，也不可能是有形體活動的產物，它們之間的聯繫和秩序更不可能來自身體。

再次，疼痛也不是身體的運動。否則，我們將會感覺到疼痛在身體各部位的傳遞，比如，手指受傷，我將會首先感到手指疼痛，其次手臂疼痛，再次頸部疼痛，最後傳遞到末端，頭腦感到疼痛，最後感到疼痛的部位將不是手指。這顯然不符合我們的疼痛感覺。我們對於疼痛的感覺是全身性的、同時的。手指受傷，感覺到的將是全身同時疼痛，這只能用靈魂的「同情」活動，而不能用身體各部分的傳遞活動來解釋。

最後，更明顯的是，思想不是身體活動。身體活動的產物必定是有形的，但思想活動的產物，比如道德觀念和抽象概念，卻是無形的。這說明，思想對象和動力只能來自無形的靈魂。依照「同類相知」的同情關係，人的靈魂受外在靈魂影響，產生出關於它們的觀念和概念。

上面分析表明，柏羅丁從區分心理活動與身體活動入手，區分靈魂和肉體。他把靈魂活動的特點歸結為「同情」，而把身體活動特點歸結為移動，前者是無形的、共時的，後者是有形的、歷時的。這兩種活動的差異表現出人有兩種活動主體：一是靈魂，一是身體。這些是他反駁唯物主義靈魂觀的主要證據。

對於亞里士多德關於靈魂是實體的形式的論點，柏羅丁提出了這樣一個批判性的總結：

> 靈魂並不像存寓於實體之中那樣，在肉體之中。因為存寓於實體之中的東西是實體的表徵，如顏色和形狀等。靈魂卻是一種獨立的東西。靈魂也不是全體之中的一個部分，因為靈魂不是身體的一個部分。如果有人說靈魂是一個生物的部分，他首先也會面臨它如何在全體之中的困難問題，因為靈魂肯定不像酒缸裡的酒，或加侖桶裡的加侖，也不像一些東西在自身位置中。反過來，靈魂也不像全體在部分之中那樣，在身體之中，因為這將導致荒謬的說法，認為靈魂是全體，身體是它的一部分。靈魂也不是質料之中的形式，因為質料之中的形式是不可分離的，並且，它是後來才進入業已在那裡的質料之中的；而靈魂是使得形式在質料之中的力量，因而不同於那一形式。❺

柏羅丁提出這樣的詰難：如果靈魂僅僅是一個實體的形式，那麼，靈魂是如何依附於這一實體的呢？它既不可能像偶性那樣依附於實體，也不可能像部分附屬於整體那樣，存在於實體或形體之中，因

❺　《九章集》，4卷3章20節。

為靈魂是無形的本質。至於靈魂為什麼不是質料的形式的理由，柏羅丁指出兩點：第一，形式與質料是不可分離的，靈魂卻可以與肉體相分離；第二，人的身體本身已是形式和質料的結合，但與質料相結合的形式不是靈魂，這一結合所構成的實體也不是人，而是人的身體。人的整體則是身體與靈魂進一步結合的產物，然而，構成人的靈魂和身體的關係不再是構成身體的形式和質料的關係，而是兩個實體之間的關係，故靈魂可以與身體相分離。顯然，第二個論點有賴於第一個論點。我們先來看看柏羅丁是如何證明靈魂的可分離性的，然後在下一節再來看一看他是如何闡述人的靈魂和身體的相互關係的。

關於靈魂的可分離性，柏羅丁提出以下幾個證明。

首先，柏羅丁指出，如果靈魂是與身體不可分割的形式，那麼，當身體被損害被分割時，靈魂也會因此受到分割。比如，如果取掉一座雕像的胳膊，那麼也就同時破壞了它的形式。但是，人的靈魂卻不會因身體的分割而被分割。一個人喪失了他的胳膊，但卻可以保持他的靈魂的完整。靈魂的理性活動具有更明顯的分離性。柏羅丁以人在睡眠狀態仍有思想，說明思想活動不依賴於身體狀態。另外，人的抽象思維過程與人的身體和感官活動沒有關聯。連亞里士多德也不得不承認這一點，他說：「理性活動與身體活動沒有任何聯繫」。❻柏羅丁正確地指出，亞里士多德在說明與感性活動不同的純理智活動時，引進了「另一個靈魂或理智」，這個靈魂不再是身體的形式，而是可以與身體相分離的「動力理智」。在柏羅丁看來，人的靈魂從來就是可以與身體相分離的，身體的形式根本就不是靈魂。❼

---

❻ 亞里士多德：《動物的繁殖》，736b27。

柏羅丁列舉的另一論證是，如果靈魂是身體的形式，那麼，理性與欲望的衝突將成為不可能，因為，「一個整體不可能與自身相衝突」。❽他的意思是，如果靈魂與身體的形式是同一個東西，那麼靈魂活動將等同於身體的現實活動。我們已知理性是靈魂活動，而欲望則是身體的現實活動，在這種情況下，理性與欲望將會成為同一活動，至少可以說，兩者不可能發生衝突。但是，這一推理的結論明顯不符合我們經常體驗到的理性與欲望的衝突。這種衝突也是柏拉圖主義者，尤其是柏羅丁所要致力說明的一個主題。我們將在下一節說明他對此問題的觀點。在此所要強調的是，柏羅丁依據理性和欲望相衝突的事實，說明靈魂不能被等同為身體的現實性或形式。

或許，靈魂可分離性的最有力證據是靈魂的不朽性。如果能夠證明人的靈魂在身體死亡之後繼續存在，那麼，靈魂的可分離性豈不昭然若揭了嗎？正因為如此，柏拉圖主義賦有從理論上證明靈魂不朽的悠久傳統。柏拉圖本人為靈魂不朽提出五個論證。

第一個論證是「靈魂回憶說」。柏拉圖寫道：

> 蘇格拉底有一個經常敘述的理論，認為我們所謂的學習實際上只是回憶。這話如果是真的，那麼我們必定在過去某一時候學到現在回憶起來的內容。但是，如果我們的靈魂在進入人的身體之前，不在某處業已存在，這種回憶是不可能的。所以，用這樣的方法，也可以看出靈魂是不朽的。❾

---

❼ 以上論證，見《九章集》，4卷7章8節。

❽ 同上，11～14。

❾ 柏拉圖：《斐多篇》，68d。

就是說，我們學習知識的過程為靈魂不朽提供了一個重要佐證。

另一個論證利用辯證法「相反相成」的原則。柏拉圖指出，一個東西總是從與之相反的東西中生成出來的，比如，弱者從強者中產生，醒自夢出，夢由醒生。生命和死亡也是對立面，死出於生，同樣可知，生出於死。也就是說，在人的生命結束之後，總有東西脫穎而來，這就是不朽的靈魂。❿這一論證表達的是生命的永恆回的觀念，充其量只是證明了生命的永恆，並沒有真正證明永恆的生命就是個人的靈魂。

第三個論證依據靈魂的神聖性。按希臘傳統觀念，靈魂具有認識神的能力。根據同類相知的原則，靈魂本身也是神聖的。任何神聖的東西都是不朽的，故靈魂不朽。⓫這一論證實際上是第一個論證的延伸，論證關鍵在於把靈魂與理念型相等同，利用後者的不朽論證前者的不朽。

第四個論證說，一個東西只是因為自身的缺陷而滅亡，但有缺陷的東西並不一定必然朽滅。靈魂的缺陷是非正義、不節制、怯懦和無知，但這些缺陷都不能毀滅靈魂。否則，一個不正義的人將不可能比正義的人活得更長。一個不因自身而毀滅的東西也不會因外部原因而毀滅，因此，無論外部力量和內部力量都不能消滅靈魂。⓬這一論證近乎詭辯。一個邪惡人的長壽並不能證明他的靈魂未受損傷，最多只是表明他的靈魂與身體的結合未受損傷。很多宗教信仰者相信一個邪惡的靈魂在身後將受到懲罰，直至被消滅。柏拉圖由於相信靈魂的輪迴，未能從理論上考慮靈魂被消滅的可能性。

---

❿ 柏拉圖：《斐多篇》，70d～72d。

⓫ 同上，78b～80e。

⓬ 柏拉圖：《理想國》，608d～611a。

第五個論證說，一個推動者和一個被推動者都可以停止運動，但靈魂是運動的源泉，靈魂的運動是推動其他事物而不被他物所推動的自我運動，是不會停止的。如果靈魂不存在，整個宇宙將沒有運動。⓭這一論證只是證明作為推動宇宙的能動力量的「世界靈魂」存在的必要性，但並沒有證明一個人的靈魂在離開身體之後仍然存在。

我們之所以比較全面地說明柏拉圖關於靈魂不朽的證明，是為了表明：柏拉圖並沒有從理論上嚴格地、成功地證明個人靈魂不朽，他的論據來自希臘人的傳統觀念，如靈魂的神聖性、能動性，以及永恆輪迴等。柏羅丁在此基礎上繼續尋求一個比較嚴格的理論上的證明。他關於靈魂不朽的證明表述如下：

> 靈魂是運動的源泉，是其他事物運動的原因。靈魂自己推動自己運動，並賦予有靈魂的身體以生命，但它的自身就是生命，惟其如此，它永遠不會喪失生命。並非所有東西的生命都是被賦予的，如果是這樣的話，那麼賦予生命的過程將會無限地持續下去。因此，必定有原初活著的本性，具有不可毀滅和不朽滅的必然性，因為它也是其他一切生命的源泉。⓮

與柏拉圖的第五個論證相比，柏羅丁的這一論證補充了「生命的源泉」的新概念。柏拉圖只是說，靈魂是運動的源泉，但這種意義上的靈魂只是「世界靈魂」，而不是人的靈魂。柏羅丁補充說，運動

⓭ 柏拉圖：《斐德羅篇》，245c。

⓮ 《九章集》，4卷7章9節。

的源泉同時也是生命的源泉，靈魂不但推動一切事物運動，而且賦予「有靈魂的身體」以生命。正如運動的系列必定有這樣一個起點，它以自身本性推動其他事物運動，生命的系列也有這樣一個起點，它以自身的本性賦予其他事物生命，但它自身的生命卻不是被賦予的，因為它就是生命的本原。靈魂作為生命的本原當然不會失去生命，因此，靈魂不朽是必然的。

雖然作了上述補充，但人們仍然有理由質疑：柏羅丁是否擺脫了柏拉圖論證的困境？作為運動源泉的靈魂是「世界靈魂」，而不是個人靈魂，同樣，作為生命源泉的靈魂也是「世界靈魂」，而不是個人靈魂。嚴格地說，生命源泉甚至不是「世界靈魂」，而是神聖本體「心靈」（生命本身）和「太一」（純活動）。柏羅丁當然不需要證明「心靈」和「太一」的不朽，需要證明的只是個人靈魂不朽。值得注意的是，柏羅丁提到，靈魂「賦予有靈魂的身體以生命」，他的證明所涉及的生命系列不是從太一開始，直至有機物的系列，而是指個人靈魂——有靈魂的身體——有機物這樣一個系列。他是在個人靈魂和個人身體（「有靈魂的身體」）之間的關係之中，說明個人身體的生命依賴於個人靈魂，而不是相反，因此，個人靈魂不因身體的死亡而朽滅。這是他的主要論點。但是，人們可以繼續追問：為什麼個人身體的生命依賴於個人靈魂，而不是相反呢？柏羅丁並沒有迴避這一問題，事實上，他對人的靈魂的深入分析，旨在解決人的身體的生命和靈魂的生命活動之間的平行關係，說明後者既決定著前者，又與前者相分離。

第二節　人的兩重性

我們已經看到柏羅丁所作的「靈魂」與「有靈魂的身體」之間的區分。這裡出現的兩個「靈魂」具有不同的意義：前者指個人的本質，後者指人的身體的形式。為了理解這一區分，我們可以追述第三章第四節提及的「形體」與「本質」的區分。按柏羅丁在那裡的思想，可感事物只是形體，形體由質料與形式構成，形體的形式決定著可感性質；但是，可感事物的本質不是可感性質，而是靈魂的生成原則在時間之中的展開，它決定著可感事物的特質和生滅過程。把這種存有論的分析應用於人，不難得到這樣一種結構：人的身體是可感形體，由質料和形式所構成，人的身體的形式決定著人的可感性質和感性活動；但是，人不等於人的身體，人的本質也不是身體的形式，而是個人靈魂，它決定著人的個性和獨特的生命活動。

柏羅丁從存有論到人論的途徑本來可以提供一幅清晰的關於可感世界和人的圖式，但不幸的是他所使用的語言的含糊和歧義。尤其令人困惑的是，他常常不加區別地使用「靈魂」這一概念。「靈魂」有時指決定人的本質的、作為獨立實體的靈魂，有時也指決定人的可感性質的、作為身體的形式的靈魂。在後一種情況下，靈魂不是獨存的實體，而是依存於身體的形式，但按柏羅丁說法，一切形式都是對理念型相的摹仿，是靈魂活動所造成的，因此在本性上並不外在於、異於靈魂，在此意義上，可感事物和身體的形式可被稱作靈魂，因此才有「有靈魂的身體」這樣的說法。

柏羅丁似乎也感到有必要區別「靈魂」的兩種不同含義。他說：

> 每一個人都有兩重性，他一方面是一種複合的存有，另一方面是一個自我。⓯

「自我」(autos)指的是一個靈魂實體，他決定著一個人特有的個性和本質。「複合的存有」則指人的身體，它是質料和形式的複合物，也稱作「有靈魂的身體」，關於作為身體形式的靈魂，柏羅丁也有這樣的說明：

> 一個複合物，一個有靈魂的身體所含有的身體的本性（它帶有靈魂的痕跡）具有更大的力量，因此，日常生活更多地屬於身體。⓰

身體並不是無生命的形體，而是以某種靈魂為形式的有機體。但是，這種靈魂給予身體的還不是只屬於個人的本質和生命過程，而是人類共性。在此意義上，柏羅丁說，靈魂和質料的複合體正是有理性的動物。⓱這裡的「理性」不是純粹的理智，而是指身體存在和活動的合理性，它構成了我們日常生活的主要內容和特徵。為了突出「自我」的個別本質與身體中靈魂的一般特徵之間的差異，柏羅丁也把後者稱作「我們」(emeis)，並給出以下定義：

> 「我們」指的是控制我們的形式部分：身體以不同方式屬於我們，但我們都有身體。所以，我們都關心身體的痛苦和快

⓯ 《九章集》，2卷3章9節，30～31。

⓰ 同上，19～21。

⓱ 同上，6卷7章4節。

樂。我們越是軟弱，越不能超脫自身，我們就越是如此，把身體當作我們最高尚的部分，當作真正的人，以致於沈緬於身體之中。⑱

上述一些引文表明，柏羅丁使用不同術語表達人的靈魂的兩重性：「自我」指示個人靈魂實體，「我們」指示每一個人都具有的人類形體的形式。前者是「靈魂」的本義，如他所明確地宣稱：「靈魂是自我」。⑲但後者有時也被稱作靈魂，這是在引申和寬泛的意義上使用這一概念的。為了避免語詞的歧義，我們應當清楚，柏羅丁所使用的概念的區分不只是靈魂和身體的兩重區分，而是個人靈魂、身體形式（「我們」）以及身體質料的三重區分。

現在，我們可以更清楚地看出柏羅丁與亞里士多德在「什麼是人」這一問題上分歧的焦點。亞里士多德將他對實體所作的形式與質料的兩重區分應用於「人」這個特殊實體，得到了靈魂與身體的兩重區分，並進一步得到了「人是有理性動物」的著名定義。在這一定義中，「理性」是屬差、本質，指的是人的靈魂部分，「動物」是種性，指的是人的身體部分。亞里士多德的理論框架可用下圖來表示：

---

⑱　《九章集》，4卷4章18節。

⑲　同上，4卷7章1節。

圖一：亞里士多德的「質型論」

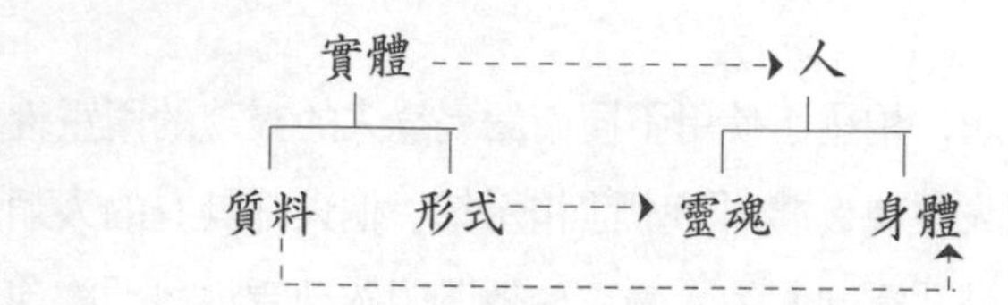

注：- - - ➝表示概念間的包涵關係

柏羅丁正確地看到，身體不是質料，質料本身是無形狀、無性質的，只有與一定的形式結合，才能構成身體。因此，靈魂與身體的結合實際上是與一個已經包含了兩個部分的複合體的結合。他對人所作的三重區分及其與實體論的對應關係也可用下圖表示：

圖二：柏羅丁的「多型論」

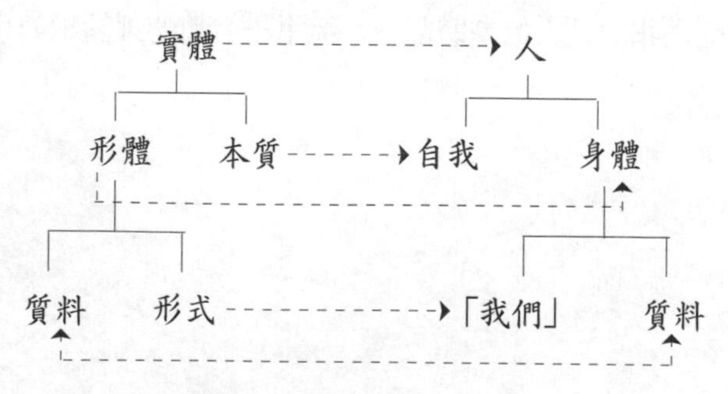

注：- - - ➝表示概念間的包涵關係

圖一表示的亞里士多德的理論在哲學史上被稱作「質型論」(hylomorphism)，這個詞由希臘文hyle（質料）和morphe（型式）兩部分組成，意思是：一切可感實體（包括人）都由質料和型式兩部分組成。圖二表示柏羅丁的理論在哲學史上被稱作「多型論」(multimorphism)，意思是：一切可感實體由質料和多個型式所構成，最低的型式是「形體形式」，最高的型式是「本質形式」。柏羅丁雖然還沒有像後來多型論者那樣，在形體形式和本質之間再區分出更多的中間形式，但他發現了亞里士多德使用的「質料」和「形式」的歧義，指出「質料」不等於「形體」，更不等於人的「身體」；「形式」也不僅僅只是本質，而且也是可感的形狀等性質，更重要的，「形式」不僅僅只是普遍的種和屬，而且是個別事物的特質。柏羅丁的分析奠定了「多型論」的基礎，他關於人的靈魂的分析可以說是對人的形式的多重性的最初說明。他所開創的理論以及對亞里士多德理論的批判為中世紀「多型論」和「質型論」的長期爭論埋下伏筆。

當然，柏羅丁的興趣不在實體學說。他對靈魂兩重性的分析目的不在證明實體形式的多樣性，而是為了說明人的靈魂（自我）活動和身體活動的不同特點、對象，並進而為他所提倡的淨化靈魂、超脫身體的神秘主義提供一個理論基礎。靈魂的兩重性實際上就是人的生活的兩重性。他明確地說：

> 複合體的生活肯定不是靈魂的生命。⑳

「複合體的生活」指「我們」共同的日常生活，這是以可感事物為

---

⑳　《九章集》，1卷1章6節。

目標，以感性欲望的滿足為內容的生活。而靈魂的生命活動則與身體的活動和滿足無關。用他的話來說：

> 我們應該區分屬於複合實有的東西和專屬於靈魂的東西。屬於複合實有的是身體或離不開身體的東西，不需要身體的活動則專屬於靈魂。㉑

這裡所進行的區分仍然是對不同靈魂活動的區分。身體（複合實有）的活動仍然是靈魂活動（因為只有靈魂才能活動），但是，這種靈魂活動為了身體的滿足，離不開身體以達到這一目的，因此被說成是「屬於身體的活動」。自我靈魂的活動則相反，它既不以身體滿足為目的，也不以身體為達到這一目的之手段，它所追求的是專屬於靈魂的目標，並且只有在擺脫身體的條件下才能達到這一目標。

柏羅丁對不同靈魂活動的說明來自柏拉圖的靈魂觀。柏拉圖在《理想國》中把人的靈魂分為三個部分(meros)：理性的(logistikon)、激情的(thymoeides)、和欲望的(epithymetikon)。㉒理性是人的靈魂最高原則，它是不朽的，與神聖的理念型相相通。激情和欲望則是可朽的。激情高於欲望，激情雖然與身體活動有關，但它是理性的天然同盟，是理性的欲望，對善和真理的熱烈追求。欲望專指肉體欲望。欲望如服從理性，也可成為一種德性——節制，但如違背理性則造成邪惡。

柏拉圖承認，說靈魂有三個「部分」僅僅是一種比喻，理性、激情和欲望實際上指的是三種不同的靈魂活動，有的專屬於靈魂自

㉑ 同上，1卷1章9節。

㉒ 柏拉圖：《理想國》，444b。

身，有的專屬於肉體，有的既屬於靈魂，又屬於身體。柏羅丁也討論了柏拉圖所區分的究竟是靈魂的部分、功能，還是力量的問題，討論的答案傾向於把這三者看作靈魂的不同力量。㉓柏羅丁按照靈魂的力量依附於身體，還是獨立於身體，統攝身體的標準，把靈魂的活動分為自我、意志和肉欲三種，對應於柏拉圖所說的理性、激情和欲望，但對柏拉圖的思想加以補充、修正與完善。下面分別予以說明。

一、肉　欲

我們知道，靈魂的能動性來自它的欲望，靈魂的活動可以說是在欲望驅使下進行的，靈魂的力量是以欲望為特點的。一切靈魂都有欲望，不但身體靈魂有欲望，不依賴於身體的自我靈魂也有欲望。前一種欲望可被稱作肉欲，即，依賴於人的肉體，以肉體滿足為目標的欲望。

但是，古希臘文中並沒有一個與中文「肉欲」相對應的術語。希臘文中表示「欲望」的術語很多，這些術語的意義的差異和關聯表達出希臘哲學家對人的欲望的性質、類別和特徵的看法。柏羅丁的觀點是在這種語言及其表達出的思想的背景裡發生的，我們首先需要對他所使用的語言的意義及其來源作一釐清。

柏拉圖所說的「欲望」(epithymia)是一中性詞，既可以是理性的，也可以是非理性的。理性的欲望可稱作「愛欲」(ethos)，這是對美的東西的愛的總稱。最低級的愛欲是對美的身體的愛慕，但無性欲成份在內，因此也不是肉欲。他更多地把肉欲看作是一種情感，而不是欲望。亞里士多德對「欲望」作了種概念和屬概念的區分。

㉓　《九章集》，6卷9章1節。

一般意義上的欲望(horehis)是一切動物行為的動力，它包括三個屬：生欲(epithymia)、死欲(thymos)和意欲(boulesis)。生欲是生產、創造的願望，死欲是消滅、破壞的願望，這兩者都是不受理性控制的自發的生命衝動。意欲則是求善（好處）的願望，是按照審慎的理性原則進行的思慮和選擇。我們可以看到，柏拉圖和亞里士多德這兩位大哲學家都沒有否定人的欲望，而把欲望看作生命活動的一個來源，既是動物的本能，也是人的意志的追求。

柏羅丁也認為，一般意義上的欲望是有理性的，因為一切欲望都是靈魂的欲望。重要的是區分依賴身體的欲望和不依賴身體的欲望。前者即亞里士多德所謂的生欲和死欲，後者即意欲。這一區分也是身體靈魂的欲望和自我靈魂的欲望之間的區分。但這並不意味著，身體靈魂的欲望全都是肉欲，因為對身體靈魂的欲望，還可以繼續區分理性的和非理性的兩種。身體靈魂的欲望朝向身體自身的維持，朝向生活的必需品，都是有理性或符合理性的活動；相反，身體靈魂的欲望朝向身體的快樂滿足，則是無理性的活動。非理性的身體靈魂的欲望可被稱作肉欲。

讀者也許會問：柏羅丁一方面承認一般意義上的欲望有理性，另一方面又在身體靈魂的欲望中區分出無理性的欲望，豈非自相矛盾？對此，柏羅丁本人有這樣的答覆：

> 欲望的區分只是對欲望自身的區分，而不是對產生欲望的實體的區分。實體自身並不是欲望，但以發自本身的活動與之聯繫，成全了欲望。㉔

㉔ 《九章集》，4卷4章28節。

在這裡，「產生欲望的實體」分別指自我靈魂和身體。「發自本身的活動」指自我靈魂和身體靈魂的活動。靈魂活動本身並不是欲望，只有與可欲對象相聯繫，才成為欲望活動。靈魂，不管是自我靈魂和較低級的身體靈魂，都是理性的生成原則的產物，在此意義上，靈魂活動總是具有程度不等的理性。當柏羅丁說，一般意義上的欲望是有理性的，他指的是尚無特定的可欲對象的靈魂活動。當靈魂活動朝向具體的可欲對象活動時，它構成了欲望的全過程（「成全了欲望」）。此時，我們可按可欲對象的地位來判斷這一過程的性質。如果靈魂的可欲對象高於或等於自身，那麼這種欲望是理性的；反之，則是無理性的。自我靈魂所欲求的對象，我們將看到，是高於一切可感形體的神聖本體，因此，它的欲望總是有理性的。身體靈魂的可欲對象，當它是身體自身時，仍然不失其理性，但當它朝向身體的表面的、暫時的感情活動時，它的可欲對象甚至低於身體、自身，因而這種欲望是非理性的。因此，當柏羅丁區分有理性和無理性欲望時，他是在靈魂與可欲對象的關係中作區分的（「對欲望本身的區分」）。

我們理解柏羅丁在不同條件下作出的結論的不同含義，對於理解柏羅丁的人生態度，具有重要作用。當他肯定欲望的理性時，他肯定的是生命的價值；當他肯定身體靈魂也具有理性的欲望時，他肯定的是正常的感性生活的價值；當他指出身體靈魂的某些欲望是非理性時，他所否定的是以肉欲享受為目的官能享受的價值。針對這樣的欲望，柏羅丁說：

> 當一個人熱衷於性感快樂時，可以說這是這個人的欲望，但同時也可以說，這是靈魂的欲望部分的欲望。㉕

雖然靈魂都有欲望，但有理性的欲望所追求的並不是欲望的滿足，因而超越了欲望，成為意志的部分或理智的部分。只有無理性的欲望，從追求較低級的可欲對象開始，到欲望的滿足為止，自始至終都超脫不出欲望，因而被說成是靈魂的欲望部分。這種說法與柏拉圖對靈魂的三重區分是相一致的。

二、意　志

如前所述，意欲是有理性的欲望。一個人的意欲既是自我靈魂的意欲，又是身體靈魂的意欲，或者說，即不依賴於身體，又依賴於身體。在前一種情況下，自我靈魂以善為可欲對象，在後一種情況下，身體靈魂以控制身體活動為目標，在這兩種情況下，意欲活動都表現為自由的有意行為，但兩者自由程度是不同的。柏羅丁指出：

> 當靈魂沒有身體時，它絕對地自主、自由，不受物理世界的擺佈。但當它下降在身體之中，不再完全自主。它與其他事物都是秩序的一部分，大多數場合受機遇指引。它被其他事物所包圍，直至下降到這樣一個中間狀態，有時它因為其他事物的影響而做一些事，有時則靠自己控制其他事物，按自己意願支配它們。較好的靈魂對較多的事物有控制力，較差的靈魂對較少的事物有控制力。[26]

靈魂控制自身或控制外物的力量即意志。希臘文中尚無與現在所說

---

[25] 《九章集》，1卷1章7節。

[26] 《九章集》，3卷1章8節。

的「意志」相應的術語。柏羅丁用來表示意志的術語有二，一是「意欲」，二是「有意」(ekousion)。這兩個術語都來自亞里士多德。柏羅丁基本接受亞里士多德觀點，把「有意」解釋為「按自己力量行事」，把「意欲」解釋為「按理性所作的選擇」，兩者都是意志活動的重要條件，缺一不可。有些行為是有意的，但卻不是理性所選擇的，而是在無知情況下作出的，這不是意志支配的行為。柏羅丁舉例說，俄底浦斯靠自己力量殺死了自己父親，但卻不知道被殺的人是他的父親，因此，他的行為是有意的，但卻不是自己所意欲的。[27] 柏羅丁所說的一個人所意欲的有意行為，相當於後人所說的自由意志。

柏羅丁所說的「自由」，不是無目的、無方向的、盲目的狀態，而是指靈魂向上的運動方向。首先，自由是理性的意欲，就是說，靈魂所意欲的對象高於自身。靈魂的意欲對象越高級，它也就越自由，因為此時它得以分享本體的自由，這是自由的最高狀態。他說：

> 我們追溯我們自主力量直至一個最崇高本原，心靈的活動，將認識到來源於此的行為的規範是真正自由的，被思想所環繞的欲望不是無意的。我們可以說，生活在如此狀態的神是自主的。[28]

其次，欲求較低級對象是一種強制，不是真正選擇的對象。柏羅丁指出：

---

[27] 《九章集》，6卷8章1節。

[28] 同上，6卷8章3節。

> 無意行為偏離了善，朝向被迫的狀態，因為它所產生的東西對自己是沒有好處的。㉙

總之，柏羅丁所謂的自由意志並不是在善惡之間進行選擇的能力，而是靈魂趨善背惡的力量。與之相反的力量雖然是「無意」(akousion)，但這並不意味著靈魂對自己所為毫無所知，而是說，身體靈魂完全陷入欲望，沒有使用理性的思慮，因此，靈魂仍然要為無意行為的邪惡後果承擔責任。柏羅丁說：

> 當任何事變壞時，它是無意的，但因為它是在自己運動中變壞的，當它感受到壞處時，它要為自己所為受到懲罰。㉚

我們或者可以這樣理解：靈魂是一種能動的力量，既可以上升，也可以墮落，它的上升運動是意志部分造成，將獲得善的結果；它的墮落是欲望部分造成的，將導致邪惡，受到懲罰。這種說法與基督教的「意志自由」、「懲惡揚善」的說法相差無幾。

三、自　我

自我是個人靈魂的純粹活動，是不依賴於身體的靈魂力量。在柏羅丁看來，每一個真正的人都是一個自我，而不是一個血肉之軀，他明確地說：

> 人，特別是善人，不是靈魂和身體的複合體。我們看到他超

㉙ 同上，6卷8章4節。

㉚ 《九章集》，6卷8章5節。

脫身體，鄙視身體的所謂「好處」的行為，便可以清楚地看出這一點。❸❶

「自我」可以說是「人中之人」，即，人的身體之中的真正的人。當他尚未脫離身體，回歸獨立自存的實體狀態之前，他仍然具有不依賴於身體的分離性。柏羅丁不只是強調自我靈魂脫離身體之後的實體性，而且指出了自我在身體之中的分離性；不但指出了自我與身體的根本差異，而且說明了兩者的聯繫。他著重說明了這樣一個問題：在人的現實生活中，自我如何對待身體？兩者如何相聯繫？

柏羅丁通常的說法是，自我把身體作為自己的工具加以利用，並對這種態度作如下描述：

> 善人盡可能地給予身體所需要的生命，但他自己不同於身體，並可自由自在地拋棄身體，並在適合於本性的最好時機，自己決定拋棄身體。他的有些行為是朝向福祉的，有些則不是朝向這一目標，並不真正屬於他自己，而是朝向和他共處的東西。對於這些東西，只要他能夠使用它，就得照顧它，承受它。但如果他不能再使用它，他就要改變成另一個人，停止使用弦琴，摒棄彈琴的活動。如果他要做另外一些事，不需要弦琴，那麼就讓弦琴廢置不用，不用樂器而歌唱。然而，這個樂器最初給予他的時候，並不是沒有正當理由的，他一直使用它直至某時為止。❸❷

❸❶　《九章集》，1卷4章1節。

❸❷　《九章集》，1卷4章16節。

我們再次讀到，柏羅丁肯定身體的生命價值，自我與身體結合為一個人，在其日常生活中以身體為工具，這是有正當理由的。柏羅丁肯定，在日常生活中，自我一方面照顧身體，承受身體；另一方面朝向專屬於自我的目標修行。但在純粹自我活動中，靈魂擺脫了身體負擔，專事對神聖目標的沈思和欣賞，後一種活動後來在基督教中發展為隱修生活。柏羅丁的神秘主義可謂是開隱修主義先河之哲學理論，我們將在稍後談到這一點。在這裡，我們更感興趣的是柏羅丁對自我與身體之間的聯繫的看法。柏羅丁似乎認為，這種聯繫不僅是正當的，而且對於自我活動是必要的。自我靈魂並不能一開始就拋棄身體，他必須一直使用身體，直到「適合於本性的最好時機」，並經過自由選擇，才能不再憑藉身體為手段，「不用樂器而歌唱」。因此，日常生活是自我純粹修行的先期準備和必經階段。

那麼，在日常生活中，自我是如何「照顧」和「承受」身體的呢？柏羅丁承認，自我以某種情感與身體變化相適應的。希臘哲學家所說的「情感」(pathe)，主要指與身體的快樂和痛苦相關的感受。比如，柏拉圖說，情感是「與快樂和痛苦，以及恐懼和憤怒，和其他種種相繼和相反的感受混雜在一起的性欲」。㉝亞里士多德說，情感是「一切與快樂與痛苦相伴的肉欲、憤怒、恐懼、嫉妒、勇敢、高興、友好、仇恨、期待、憐憫，等等。」㉞斯多亞派對情感的定義是「靈魂中違反自然的非理性運動或過度衝動」，並以悲哀、恐懼、肉欲和快樂為四種基本情感。㉟

柏羅丁接受了「情感」的原義：與身體的快樂和痛苦相關的感

㉝ 柏拉圖：《蒂邁歐篇》，42a。

㉞ 亞里士多德：《尼柯馬可倫理學》，1105b22～24。

㉟ 拉爾修：《著名哲學家生平和思想》，7卷110章。

受，但不同意斯多亞派把情感籠統地說成是「非理性」、「過度」的靈魂運動。他說：

> 否定靈魂中的變化和強烈感受的發生是與明顯事實相抵觸的。但我們應探討靈魂中變化的是什麼。如果我們談及靈魂變化時，好像在說靈魂的臉紅或變白，那就很危險，沒有理解引起靈魂感受的情感發生在有機體之中。當「可恥」的觀念發生時，靈魂感到羞恥，但身體並不是無生命的，隨血液運動而變化。[36]

柏羅丁區分了靈魂的感受與身體的感受，前者是觀念的發生，後者是生理運動。但兩者有對應和伴隨關係，如「可恥」觀念發生時，臉上會紅一陣、白一陣。就兩者所發生的同步變化而言，我們可以說靈魂和身體都有情感。我們已知，身體的情感主要指快樂或痛苦的感受，但快樂或痛苦發生於身體之中，而不在自我靈魂之中，正如人感到羞恥時，臉紅是生理反應，而不發生在靈魂之中。對應於身體情感的靈魂感受是關於快樂或痛苦的觀念和知識。根據上述區分，我們只能說，身體感到快樂或痛苦，但快樂或痛苦並不發生於靈魂之中。柏羅丁以疼痛為例，說道：

> 知覺本身不能被稱作疼痛，而是關於疼痛的知識。既然是知識，它對於疼痛無動於衷，因而能夠知道疼痛，給予健全的說明。[37]

---

[36] 《九章集》，3卷6章3節。

[37] 《九章集》，6卷4章19節。

關於快樂或痛苦的知覺或知識相當於後來所說的「反省觀念」，而不是直接的生理感受。柏羅丁很清楚這樣一種心理事實，即「反省」與「專注」成反比關係：當一個人專注於某一件事時，他不會自覺地思考這件事的性質；反之，當人們對某一件事反省得越清楚，這件事所能引起的關注和興趣也就越小。當一個人沈緬於身體快樂時，他的自我不會自覺地認識到感官享樂的邪惡；反之，當某一個人對身體快樂知道得越深切，他就越清楚地知曉其來源、性質和後果，也就越能擺脫身體快樂的引誘和支配。在此意義上，柏羅丁說，當身體經歷著情感變化，但靈魂卻「不動心」(apathes)。[38]斯多亞派通過否認情感的正當性，提出「不動心」的修養目標。柏羅丁則通過區分自我與身體情感，通過兩者的反比關係，得到自我靈魂「不動心」的結論。兩相比較，柏羅丁的觀點更加公允持平，更符合生活事實與人的心理體驗。

第三節　靈魂的認知性

柏拉圖在區分理念世界和可感世界的基礎上，又區分了知識和意見，兩者分別以理念型相和可感事物為認知對象。與之相對應，人的靈魂也有感覺和理智這樣兩種不同的認知能力。柏羅丁繼承了這些原則性的區分，但他生活在逍遙派、斯多亞派、懷疑派等各種不同於柏拉圖主義的思想廣泛流行的時代，他不得不考慮這些派別對柏拉圖主義提出的批評、質疑和挑戰，或進行反駁，或加以修訂，或與各派思想調和。因此，柏羅丁的知識論區分更加細緻，辨析更加精微，對人的認知過程有更全面的探討和闡述。

---

[38] 《九章集》，1卷1章4節。

柏羅丁的知識論基本原則，仍是前面已提及的自我與「我們」（即身體靈魂）之區分，由此調和了柏拉圖關於理智和感覺的對立關係。他說：

> 正是我們在推理，用推演理性來思想，這正是我們自己的本質。理智在上面的活動與感覺在下面的活動相對應，我們的靈魂的主要部分正處在這兩種力量的中間，在較差的和較好的力量之間，較差的力量是感覺，較好的力量是理智。[39]

柏羅丁在這裡所談的「推演理性」指人們對可感世界的知識，他認為，這是人類共同的知識，是「我們」（即身體靈魂）的功能。「我們」既然離不開身體，這就決定了這種知識離不開感覺；另一方面，「我們」既然是一種靈魂，就一定具有某種程度的理智。兩者的共同作用產生出我們關於可感世界的知識。柏羅丁承認可感世界是知識的對象，承認理智對於認識可感世界的作用，這是他從亞里士多德的知識論吸收來的觀點，也是他對柏拉圖把感覺和理智截然分開、把關於可感世界的意見和關於理念世界的知識完全對立的做法的重大修正。

在柏羅丁看來，身體靈魂與自我靈魂的活動既相區別，又有聯繫，前者關於可感世界的知識與後者關於神聖本體的知識是從感覺上升為理智的連續過程。雖然關於可感世界的知識是由感覺與理智共同造成的，但是，關於本體的知識卻是與身體相分離的自我的純理智活動所造成的。不難看出，雖然柏羅丁在可感世界的知識方面，對亞里士多德作了讓步，但他歸根到底仍然堅持的是柏拉圖的「分離學說」，即本體與可感世界的分離，靈魂（自我）與身體的分離，

---

[39] 《九章集》，5卷3章3節。

自我關於本體的思想與「我們」關於世界的思想的分離。我們也應看到，柏羅丁通過靈魂活動的連續性和認識的等級秩序，來論證這種分離性，這是他的知識論的獨特與創新之處。柏羅丁對於認識等級秩序的安排，分為感覺、判斷、記憶和理智這樣幾個由下到上的階段。以下分別闡述之。

一、感　覺

柏羅丁恪守柏拉圖關於感覺不是知識的區分，但承認感覺是對我們以外的事物的一種認識，有相當程度的可信性和正確性。關於感覺的來源，唯物主義者和自然主義者認為，感覺是外界事物在靈魂上造成的印象，正如銅塊在蠟塊上留下的印跡一樣，因此，感覺至少可以反映外物的感性性質。對於這樣的看法，柏羅丁提出這樣一個質疑：

> 如果我們接受的是我們看見的印象，那麼將無可能看到我們所見的真實事物，只能看到視覺對象的印記和影子，這樣，事物本身將不同於我們所見的事物。[40]

柏羅丁的質疑來自懷疑主義。比如，懷疑主義者皮羅(Pyrrhon)區分了「現象」和「事物」，現象只是事物向我們感官的顯現，我們所知的只是現象。他說：「不管在哪裡，現象無所不在」。[41]因此，我們最多只能說，事物「好像」是什麼，但不能說，事物是什麼。

柏羅丁並不贊同懷疑主義，但認為懷疑主義確實擊中了把感覺

---

[40] 《九章集》，4卷6章1節。

[41] 拉爾修：《著名哲學家生平和思想》，9卷105章。

當作事物印象的唯物主義和自然主義的觀點（逍遙派、斯多亞派和伊壁鳩魯派的觀點）的要害。因為，我們感覺所呈現的只是關於事物的印象，而不是事物本身，我們如何能夠根據感覺斷定事物是什麼呢？柏羅丁提出的問題可謂是知識論的千古難題，直至近代，英國經驗論因為不能回答這一問題而導致了懷疑論。

柏羅丁卻對此問題作出解答，因而既避免唯物主義和自然主義，又避免了懷疑主義。柏羅丁說，感覺確實是一種印象 (typon)，但卻不是外界事物留在靈魂上的印象，相反，它是靈魂從理念型相那裡接受的印象，靈魂把如此接受的印象加諸外部事物，因此才有外部事物與印象的一致，我們才能得以根據感覺的印象斷定外部事物是什麼。柏羅丁說：

> 靈魂的感覺力量不必是來自可感事物的感覺，相反，它是把感覺產生的印象加諸活的存有之上的接受力。心靈的實在業已存在，來自於這些心靈實在的感覺正是靈魂感覺的印象，前者在本質上更真實，完全是對理念型相的沈思，但本身卻不為之所感動。靈魂完全從這些理念型相，獲得對活的存有的把握，對此加以推理、判別、理解，這些正是我們所是的本質。[42]

這段話把感覺解釋為由外到內，再由內到外的雙向過程。第一個過程指自我靈魂對心靈本體之理念型相的沈思，柏羅丁稱之為「來自於這些心靈實在的感覺」，這裡的「感覺」，只是指對外部對象的觀照，並不指感官活動。相反，因為自我活動不依賴於身體，因而不

[42] 《九章集》，1卷1章7節。

會有生理感受（即「不為之所感動」之意），自我靈魂對心靈實在的感覺只是指觀念的發生。但是，自我靈魂的運動引起了身體的運動，身體的感覺正是來自自我靈魂的觀念活動的印象。至此，身體靈魂（通過自我）接受了關於理念型相的感覺印象，這一由外到內的過程被說成是靈魂的接受力量。在第二個過程，靈魂把接受來的感覺印象加諸外界事物。柏羅丁稱外界事物為「活的存有」，因為它們是有形式的形體。我們知道，可感事物的形式來自靈魂的生成原則，歸根到底也是對存在於心靈本體內的理念型相的摹仿。靈魂把來自理念型相的感覺印象加諸「活的存有」之上，其實是靈魂的感覺印象與事物的「活的形式」之間的共源一致性。按照古代人普遍接受的「同類相知」的認識原則，靈魂依據感覺完全可以把握事物的形式，事物形式即事物本身。

雖然感覺印象來自於自我對理念型相的沈思，但柏羅丁更多強調，它們是身體活動的結果，只不過身體活動不是受外物作用，而是被自我的觀念所「感動」而引起的。因此，柏羅丁對感覺的定義是「型相的接受和身體的感動」，㊸並強調：「很明顯，感覺屬於身體靈魂，並且通過身體而起作用。」㊹自我靈魂對理念型相的觀照，雖然是引起感覺活動的原因，但卻不屬於感覺活動，因為它不是對可感事物的認識。它所引起的感覺，也還不是關於可感事物的知識，但卻引起了身體靈魂的進一步活動，直至達到知識的階段。

二、判　斷

希臘文「感覺」(aisthesis)指的是一個活動過程。如我們所解釋，

㊸　《九章集》，1卷1章2節。

㊹　同上，4卷4章23節。

柏羅丁認為感覺是一個由外到內，再由內到外的過程，前一過程是感覺印象的獲得或接受，第二個過程是感覺的使用或判斷，即，使用感覺印象對可感事物加以判斷。感覺是由兩者組成的全過程，既是感覺印象的獲得，又是對可感事物的判斷。

正如感覺印象的獲得過程是自我的理智活動和身體的感受活動共同造成的，使用感覺印象的判斷過程也有理智的參與。柏羅丁明確地說：「感覺和理智對每一個個體加以判斷。」[45]判斷的過程就是把感覺印象加諸事物之上的過程。我們已說過，「加諸」並不是強加，並不是外在事物對感覺印象的單方面的服從，毋寧說，這是雙方面相互適應，彼此一致。感覺印象不但加諸事物之上，也要與事物相符合。柏羅丁說，感覺印象

> 必須一方面服從相似的感受，另一方面服從可感事物。……它所感覺的內容處於可感的和可知的之間，恰是連結兩個極端的中值。它具有接受和傳遞兩種能力，適合於和這兩個極端相融合。[46]

這段引文的「相似感應」，指發生在可感事物之中的形式的接受。每一個可感事物都是質料和形式構成的形體，感覺印象與可感事物的形式的符合，感性判斷與可感事物的符合，就是感覺對可感事物的雙重服從。柏羅丁還說，感覺一方面從理智那裡接受印象，另一方面把印象傳遞到感性事物，因此起到連結兩個極端的中介作用，並且能和兩個極端相融合，即，既與理念型相相符合，又與可感事物

[45] 《九章集》，4卷9章3節。

[46] 《九章集》，4卷4章23節。

的形式相符合。

感覺印象與可感事物之間的符合，是正確的判斷過程，或者說，是判斷的本質。但是，判斷是可錯的，判斷有真和假之分。那麼，假判斷是如何產生的呢？按柏羅丁說法，假判斷就是把一個感覺印象加在一個形式與之不相符合的事物之上。柏羅丁對此的解釋是：

> 靈魂對它沒有把握的事物加以判斷，這是一種力量，它不是受感覺所動的能力，而是做分派給它的事的能力。[47]

就是說，判斷是靈魂運用感覺印象的能力，靈魂既能用感覺印象對事物作出真判斷，也能運用感覺印象作出假判斷，即，對與這種感覺印象不相符合的事物形式作出判斷（「對它沒有把握的事物加以判斷」）。在發生假判斷的情況下，感覺並沒有錯誤，錯誤來自於靈魂不正確地運用了感覺印象。

柏羅丁對判斷錯誤根源的分析，對於抵制懷疑論具有重要意義。懷疑論者藉口感覺有錯誤而否認我們認識可感事物的可能性，在感覺印象和真實事物之間設置了不可逾越的鴻溝。柏羅丁指出，感覺不會犯錯誤，犯錯誤的只是判斷，判斷的錯誤在於把真實的感覺印象同與之不符合的事物聯繫在一起。但是，判斷的錯誤既不能證明感覺本身的虛假或欺騙，也不能證明感覺印象與真實事物之間沒有聯繫。比如，一根直棒的一半放在水裡，這根直棒顯得是彎曲的。在這裡，感覺並沒有欺騙我們。我們感覺中既有「直」又有「彎」的印象，它們來自理念型相，而不來自一半置於水中的直棒，因此，

---

[47] 同上，4卷6章2節。

感覺印象總是真實的。錯誤來自於判斷，將「彎」的印象與直棒相聯繫，得出了「這是一根彎棒」的假判斷。但這並不能證明感覺印象和事物的聯繫總是錯誤的判斷。在大多數場合，判斷能力總是按照其本質正常地發揮功能，把「直」的印象同直棒相聯繫，即使直棒的一半在水中，也能得出「這是一根直棒」的真判斷。判斷雖然是感覺全過程的一部分，但柏羅丁區分了判斷能力和感覺的接受能力，其目的在於承認感覺印象的真實性和可靠性，而把感性認識的錯誤歸咎於判斷的可錯性，這是出自反對懷疑論的需要。

三、記　憶

柏羅丁認為，判斷是靈魂的理性能力，來自於記憶，可以說，判斷是聯結記憶與感覺印象的中介，記憶是比判斷更高的理性能力。他說：

> 靈魂的理性部分進行判斷，它來自於對感覺所呈現的印象加以組合和分析。㊽

這就是說，判斷的依據是已獲得的感覺印象，但不是消極地接受的印象，而是對已有的印象進行再加工而形成的記憶的印象 (phantasma)。記憶不僅是感覺印象的貯存場，而且是加工場，對已有的印象分門別類，組合區分，產生自己特有的印象，作為判斷的標準。比如，當靈魂對一半在水中直棒加以判斷時，如果它能夠回憶起直棒在水中變形的印象，則能作出真判斷。

記憶也是一種接受力，與感覺不同的是，這是理性的接受力。

㊽　《九章集》，5卷3章2節。

柏羅丁指出:「靈魂對來自兩方面的印象有所理解」。[49]這裡的「兩方面」指感性印象和理性印象。那麼,理性印象指什麼呢?它們與感性印象有何關係呢?柏羅丁有這樣的分析:

> 或許,記憶的接受能力是伴隨著思想的表達。思想沒有部分,也不外露,只是無形的內在東西,但其表達展開了思想內涵,把思想外在化為產生記憶的力量,好像把思想顯示在鏡子之中,這就是對思想的領悟、維持和記憶。因此,雖說靈魂總是朝向思想活動,但只是當它成為產生記憶的力量時,我們才理解思想。思想是一回事,思想的領悟又是一回事。我們總是在思想,但並不總是領悟這一活動。這是因為,我們的接受力所接受的不僅是思想活動,它另一方面也接受感覺活動。[50]

我們可以作這樣解釋,記憶力是一種接受能力,一方面接受來自「自我」的理性觀念,另一方面接受來自「我們」的感覺印象。柏羅丁稱第一方面的接受為思想的「展開」、「領悟」或「理解」,這就是說,把自我關於理念原型的思辨固定為概念加以把握。否則的話,思想只是純思辨活動,不能表達為人的概念,不能成為我們關於外部感性世界的知識的一部分。思想概念之所以能起到這樣的作用,是由於它們與感覺印象的結合。我們的靈魂在接受思想概念同時,接受感覺印象,這不是兩個不相關聯的接受活動。在我們的記憶力之中,兩者結合為同一種接受力,即,按照思想概念的規定性,對

---

[49] 《九章集》,5卷3章2節。

[50] 同上,4卷3章30節。

感覺印象加以分門別類的安排，分析綜合的加工，使感覺印象獲得概念的普遍性。當我們說某一感覺印象是「紅的」之時，已經在用「紅」的概念表述它的普遍性。在柏羅丁看來，記憶就是把感覺印象納入來自自我的思想概念之中的過程。他說：

> 這些概念從理智進入靈魂，靈魂得以辨認什麼可被稱作它們（指概念——譯者注）的印象，並有同樣的能力處理另一些印象。它繼續地理解、辨認那些新近到來的印象，把它們納入早已在它自身之中的東西。這一過程即我們所謂的靈魂的「回憶」。[51]

引文中「理智」指自我靈魂，「靈魂」專指身體靈魂。現在我們可以理解，為什麼記憶能夠為判斷提供標準。這是因為，過去的某類印象都已被納入某一個概念之中，當靈魂獲得一個新印象，它「有同樣的能力」處理它，「繼續地理解、辨認它」，把它納入過去相似的印象所適合的概念，作出這一印象是「紅」的，或「彎」的，等等判斷。

「記憶」(mneme)是身體靈魂的重要的能力和活動。柏羅丁稱：「總的來說，靈魂是，或者成為它所記憶的東西。」[52]他明確地把身體靈魂等同為記憶的內容，或者更明確的是，身體靈魂所能達到的知識就是記憶的內容。按柏拉圖的學說，學習就是靈魂的回憶。柏羅丁發揮了這一思想，把回憶或記憶解釋為理性概念和感性印象相結合的過程，把記憶的內容解釋為感覺內容的普遍化、概念化，並

---

[51] 《九章集》，5卷3章2節。

[52] 《九章集》，4卷4章3節，5～6。

用概念與感覺的一致性來保證判斷的真實性。我們知道，知識的基本形式是判斷，知識的內容是感性和理性相結合的產物。柏羅丁對記憶的解釋滿足了知識的形式和內容的基本要求，這使得他得以最大限度地發揮柏拉圖主義的「回憶說」的內涵。

然而，柏羅丁對前輩的學說的態度並不是率由舊章、恪守陳規。記憶所達到的知識在他看來還不是最高的知識，而只是關於感性世界的知識。記憶力是身體靈魂的較高能力，但卻是靈魂作下降運動的產物。他說：

> 當靈魂走出心靈世界，不能忍受統一性，而要顯示自身個體性，要求差異性，好像把頭伸出去，於是獲得記憶。[53]

「把頭伸出去」是對靈魂關注外界的一個比喻。身體靈魂不但需要身體，而且需要感性世界作為自己活動所朝向的目標。這是因為，它「不能忍受統一性」，不願駐留在與自身本性相同的心靈本體之內，而要在心靈世界之外尋求個體性和差別性。靈魂與質料結合而形成的個人身體是個別的，身體靈魂所感知的外界事物也是個別的、千差萬別的。但是，知識畢竟不是形形色色個別材料的雜亂無章的彙總。知識所需要的概念的普遍性和判斷的正確標準是身體靈魂無法提供的，它們來自比身體靈魂更高一級的理智活動。雖然柏羅丁承認，關於可感世界的知識的主體是身體靈魂，但他並不認為身體靈魂憑藉自身可以達到這種知識，我們從他對感覺、判斷和記憶的活動系列的說明可以看出，他認為理智自始至終在身體靈魂的認知活動中起決定性作用。對我們關於外部世界知識的探討，自然地引

---

[53] 同上，4卷4章3節，1～3。

向了對人的靈魂最高的認知能力——理智的探討。

四、理　智

柏羅丁在兩種意義上使用「理智」一詞，他對理智的意義作了這樣的區分：

> 理智分兩種：一種是推理的，另一種使理智的推理成為可能。人們必須認識到，除了被稱作推理和算計的能力之外，還有另一種理智。[54]

我們可以說，兩種理智的區分與兩種靈魂的區分相關。身體靈魂的理智可以說是推演性理智，它是推理和算計的能力，其特點是對異己對象的間接的、系列式的認識，比如，概念的區分和綜合，運用概念進行判斷，運用判斷進行推理。推演理性是人類知識的最高能力，它不但是高級的理性活動，而且體現在知識的一切階段，即使在感覺、判斷和記憶階段，都有推演理智的作用。推演理智並不是感覺、判斷和記憶之後的另一個知識的階段，而是所有這些階段不可或缺的理性能力。我們可以看到，柏羅丁並沒有在感性和理性之間劃一道界限，理性即存寓於感性之中，並使感性活動能夠成為認知的活動。在知識的每一個階段，包括感覺、判斷和記憶，都既有感性的，又有理性的活動，理智正是這些程度不同的知識所需要的理性能力和活動。柏羅丁說：「它是知識的主體，所有的要素都在這個沒有部分的整體之中，但這些要素又彼此分離。」[55]

---

[54] 《九章集》，5卷1章 10節；6卷9章5節。

[55] 同上，6卷9章5節。

身體靈魂的推演理性作為聯結各知識要素和階段的統一能力，既是「一」，又是「多」。「一」指它的統一性，「多」指它分佈在各知識要素和階段之中，在每個印象、概念、判斷和推理之中，都有一個統一的理智活動。正因為如此，推演理智是身體靈魂的活動，它需要身體作為活動的基礎，比如說，隨著感覺印象的發生，記憶的變化，而作出相應的概念、判斷和推理活動。在此情況下，可以說推演理智被身體活動所影響、所感動而運動。

與此相反，自我靈魂的理智活動不受身體活動的影響，這是對理念型相的沈思，其結果是在思想之中產生觀念。這些觀念被身體靈魂所接受，並影響了感覺、記憶和判斷的發生。但是，自我靈魂並不反過來受身體靈魂的影響，尤其不受身體活動的影響。柏羅丁說：

> 當我們表象思想的印記時，理智不被攪動。我們看到和知道這些印記，如同我們看到和知道感覺時那樣。與此相伴隨的是理智的先在知識和思想的活動。[56]

這裡的「我們」特指身體靈魂，「理智」則指自我靈魂的活動，它為我們關於可感世界的知識提供「先在知識」（即關於理念型相的知識）和推演理智活動所需要的動力。身體靈魂接受來自自我理智的印記，因此得以產生出記憶和感覺的印象。但是，自我理智卻不因為這些印象在身體靈魂中的出現而被「攪動」，它仍然專心於對理念型相的沈思，並不關心在身體內部發生了什麼樣的印象和知識。

柏羅丁把身體靈魂的推演理性說成是「區分的理智」，而自我

---

[56] 《九章集》，1卷4章10節。

靈魂的理智則是「不可分的理智」。他說：

> 區分的理智是另一種東西，不可分的理智不進行區分，它是存有和一切。(57)

推演理性在區分印象和概念的同時，也隨之分佈在被區分的對象之中，成為「多」中的「一」。但自我的理智由於不被印象和概念的雜多所攪動，並不以它們為對象，也不對它們加以區分。它的對象是心靈，這是存有的整體，理念型相所存寓的世界，與可感世界完全不同的領域。

推演理性和自我理智之間的聯繫是單向的、不對稱的，這就是說，推演理智依賴自我理智而獲得活動的動力和先在知識。自我理智使推演活動成為可能，但它卻要盡可能地脫離身體靈魂和推演理智。靈魂的認知活動與情感活動有相似之處，即「反省」與「專注」成反比關係：自我的理智越是知道推演理性所獲得的知識的性質，它就能越來越遠地離開這種知識，朝向更高級的對象。柏羅丁寫道：

> 它越是朝向高處，就越是忘記低處的東西，甚至在低處的全部生活。記憶是低處最高的東西。因為它要盡可能地和人類專注的一切分開，它必然要忘卻人類一切記憶。(58)

如前所述，記憶是人類關於可感世界知識的匯合處和貯存處，忘卻人類的記憶也是棄絕人類共同的知識。這是自我沈思的必要條件。

---

(57)《九章集》，5卷9章8節。

(58)《九章集》，4卷3章32節。

自我理智活動並不是一般意義上所說的認知活動，而是一種神秘的體驗。但柏羅丁仍把它列為認知範疇，這大概是因為：第一，它是人類知識活動的必要前提和動力；第二，它所達到的是心靈本體，按柏拉圖關於兩個世界的劃分，只有關於理念世界的知識才是真正的知識，在此意義上，自我朝向心靈及其包含的理念型相的神秘活動也被看作是認知活動。

第四節　靈魂的德性

古希臘的倫理學的主要傾向是目的論，用人的靈魂或生命所朝向的目的來規定德性。希臘哲學家大多同意靈魂或生命的目的是善，並一般同意將善等同於幸福。因此，他們的倫理學又常常表現為幸福主義。然而，對於「什麼是幸福」這一問題，卻有十分不同的回答。這些答案大致可分為快樂主義和智慧主義兩種傾向。快樂主義始於公元前四世紀的昔蘭尼派，他們認為人實際所能感覺到的快樂都是肉體快樂，這是最真實、最強烈的快樂；其餘德性都是滿足快樂的手段，比如，思想和友愛本身並不是快樂，但可以引起快樂，因而是有用的手段。後來的伊壁鳩魯派也主張快樂主義，但他們區分了肉體快樂和心靈快樂，動感快樂和靜感快樂，認為後者更真實、更持久，但前者如果能引起後者，也不應排斥。智慧主義的幸福觀則起源於蘇格拉底關於德性即知識的定義。大多數哲學家都把尋求智慧的思辨生活作為最高的幸福，比如，柏拉圖以智慧為最高德性，亞里士多德雖然指出德性是一種實踐行為，需要快樂的效果來支持，沒有德性的快樂和沒有快樂的德性都不是幸福，但他的基本立場仍然是智慧主義，最後仍然把理論性的智慧(sophia)作為最高德性，把哲學家的思辨當作最幸福的生活。斯多亞派也尊有智慧的人為人生之榜樣，要求以理性控制情感，使靈魂不被快樂和痛苦所干擾，達到「不動心」的幸福狀態。

在簡略地回顧柏羅丁前輩們的德性觀之後，我們可以說明這位終結時期的最重要的哲學家對前人思想的吸收、綜合和揚棄、發展。

首先，柏羅丁的倫理學也屬於目的論範疇。他指出，一切都依賴於太一。太一不是遙遠的本體，它與人生的距離不是空間的遠或近的關係，而是一種價值尺度。太一是至善，是包括人在內的一切事物追求的最高目的。事物的活動越符合太一的本性，則越接近於這一目的，也就有更多的善性，更大的價值。德性就是一種價值標準，體現的是神聖本體的善性，它把有待實現的目的直接顯現在具體的行為中。在此意義上，柏羅丁說德性是神的徵象。他說：

> 在現實中，德性正是放在我們面前的目標，它與智慧一起存在於我們的靈魂之中，向我們顯示出的是神。[59]

說德性「顯示出的是神」，當然不是說，只有神才具有德性，而是意在強調，德性是一種具體的目的，是與神聖本體這一最高目的相通的。

其次，與其他希臘哲學家一樣，柏羅丁的目的論也是一種幸福主義。但他也考慮到，把最高本體太一作為萬物的最高目的之本體目的論，與把幸福作為人生的最高目的之倫理幸福主義之間存在不協調之處。亞里士多德曾說，神不會關心人的幸福；伊壁鳩魯也說，神不干預人間事務。柏羅丁對此反駁說，神雖然不會主動施捨幸福，

---

[59] 《九章集》，2卷9章15節。

但卻能吸引人朝向他活動，使人在這種活動中自己獲得幸福。但是，按照古代人「同類相吸」、「同類相通」的觀念，能夠與事物直接交往的是靈魂本體，能夠與人的靈魂直接交往的是心靈本體。柏羅丁於是說，無生命之物通過朝向靈魂的活動而朝向第一本體，而靈魂自身通過朝向心靈的活動而朝向至善。[60]我們知道，心靈的本性是生命、存有和思想。人的靈魂被心靈本性所吸引的向上運動，所分享的是永恆的生命、存有和思想，這豈不是最高的幸福？

再次，柏羅丁對「幸福」的解釋，批判地吸收了快樂主義和智慧主義的某些成份。他在一卷四章十二節裡，柏羅丁批評了伊壁鳩魯的快樂主義，指出不管動感快樂還是靜感快樂都離不開人的身體，充其量只是身體靈魂的一種感受，並不是真正的幸福。他心目中的幸福，是自我靈魂的純思辨活動。在這一方面，他是贊同智慧主義的。他引用柏拉圖的話說，心靈中「有善的型相」，因此，通過對型相的沈思，可以達到善或幸福。[61]但是，我們應該清楚，柏羅丁所說的自我的理智沈思，並不完全是理論上的求知活動。在上一節，我們已經看到，他把理論上的辨析、綜合、論述等活動看作是推演理智的功能。另外，希臘人的求知態度，按亞里士多德的說法，起源於對外部自然現象的「詫異」。[62]由這種態度主導的研究以外部可感世界為對象。這種態度、研究和成果在柏羅丁看來也是身體靈魂之所為，不屬於自我理智對理念型相的沈思。柏羅丁所說的自我沈思，涉及到對自己身體的態度，而不是對外物的態度，活動方式更多的是修煉靈魂，而不是理論研究，所達到的成果是神秘體驗，而

---

[60] 《九章集》，1卷7章2節。

[61] 同上，6卷7章15節。

[62] 亞里士多德：《形而上學》，982b10。

不是外部知識。必須指出的是，沈思而導致的神秘體驗並不是「不動心」狀態，而是一種不能自禁的狂喜，雖然不是肉體的快樂，但仍然是精神上的極大滿足與快樂。柏羅丁並未把精神幸福與快樂隔離開來，他的幸福觀也有快樂主義成份。

最後，柏羅丁兼顧了公眾德性和哲學家德性兩方面的要求。柏拉圖在《理想國》中闡明了「四主德」。即：智慧、勇敢、節制、正義。前三者分別對應於靈魂的理智、激情和欲望部分，正義是三者彼此和諧的德性。[63]柏羅丁對靈魂有不同的區分，他區別了身體靈魂和自我靈魂，相應地，兩者分別具有不同德性：身體靈魂的低級德性和自我靈魂的高級德性。低級德性是大多數人，尤其是公民在政治生活中應遵循的規範和追求的目標。柏羅丁說，高級德性是對心靈本性的摹仿，低級德性卻不了解德性與心靈的關係，把德性錯誤地想像為神聖的本性，因此以人們公認的準則為目標，而不以神為目標。正因為如此，它降低了價值尺度的標準，因而是低級的。高級德性則以神或神聖本體心靈為標準，能夠提升人的自我靈魂。他說：

> 德性的任務在於把一般人的本性提升到更高水準，達到比大多數人所能做到的更好的水準。但是，這種好處與一般人正常本性相比，也不是令人可畏的。[64]

這句話暗示，只有少數人能夠具有真正的德性，或高級德性。但柏羅丁也無意把高級德性同一般人的本性完全對立起來。他說，德性

[63] 柏拉圖：《理想國》，427e～434d。

[64] 《九章集》，1卷4章8節。

不表現為一般人視為令人可畏的行為。這大概是針對斯多亞派所說。比如，斯多亞派的一個創始者克呂西甫(Chrysippus)以智慧為最高德性，但說有智慧的人世上只有一兩個，他和他所認識的人都不是有智慧的人。他們還認為，德性要在苦難中磨鍊，有德性的人即使在拉肢刑架上也是幸福的。柏羅丁說，這是胡話。受酷刑是痛苦的，只是自我靈魂漠視這種痛苦而已，但身體靈魂的痛苦是真實的。[65]如果把受酷刑和幸福相聯繫，這種德性是一般人不能接受的可畏行為。在柏羅丁看來，高級德性是人的靈魂本性的提升，而不是對本性的壓抑。靈魂本性中本來有善的成份，把這種善顯示出來是一種德性，雖然還沒有被提升到高級水準，但卻是高級德性的基準。在此意義上，柏羅丁承認，具有低級德性有助於一個人成為一個類似於神的人。[66]

柏羅丁所說的低級德性大致相當於柏拉圖所謂的「四主德」，這些是我們的身體靈魂應具有的德性。柏羅丁稱之為「公德」。高級德性則有否定的和肯定的形式，否定性的高級德性為「淨化」，肯定性的高級德性為「觀照」。以下分別闡述之。

一、公　德

公德即「公民德性」或「政治德性」。據波菲利注解：

> 這些德性的目標是讓我們仁愛地與人類同伴們交往，它們被稱作公民德性，因為它們把公民們聯合在一起。公民德性撫平激情，教導我們順從人性的律法而生活。[67]

---

[65] 同上，1卷4章13節。

[66] 《九章集》，1卷2章1節。

換而言之，公德是「我們」的共同人性，即身體靈魂應當遵守的規範。我們多次見到，柏羅丁承認人的身體具有一定的善性。他說，肉體並不是作為無用物被賦予人的。(68)照顧好、使用好自己身體也是一種德性，即「節制」。他舉例說，如果一個人鍛鍊身體而健康，但卻因缺乏教育，靈魂並不高尚；另一個人則在身體和靈魂兩方面皆無修養，過著尸位素餐的生活，那麼，在角力摔跤比賽中，後者必定被前者所擊敗。他的失敗的必然性象徵著命運的懲罰：「懶散的、舒適的、閑逸的生活使他成為祭祀豺狼的肥羊羔」。(69)因此，即使在對待自己身體的態度方面，也有德性的標準。至於對待其他人的態度，更能表現出德性。這甚至不是對同胞同伴的人類之愛，而是對本體的神的愛。他說：

> 任何人如果對一件東西真有感情，那麼就會對於這件東西相似的一切都有感情。熱愛一位父親也會熱愛他的孩子，但是，每一個靈魂都是父神的孩子。(70)

這也就是為什麼公德能夠讓人們仁愛相處的原因所在：因為公德根源於對神聖本體的愛，這種崇高的愛導致對神聖本體的創造物——人的靈魂的愛，使人們能夠自覺或不自覺地把對神的愛傾注在人的身上。這個道理即希臘人所說的「同類相愛」，或中國成語所說的「愛屋及烏」。這種愛表現為「正義」和「勇敢」的德性。至於「智慧」

(67) 引自S. MacKenna, *The Essence of Plotinus*, Oxford, 1948, p.22, note 2.

(68) 《九章集》，1卷4章16節。

(69) 同上，3卷2章8節。

(70) 同上，2卷9章16節。

更是重要的公德之一。柏羅丁不像柏拉圖那樣把智慧當作對理念型相的知識，作為公德的智慧是一種知人明理的行為態度，它代表著身體靈魂一切德性行為的一般傾向。它的反面是邪惡。正因為如此，邪惡被說成愚昧(anoia)，無知和瘋狂是愚昧的兩種形式。

以上說明，柏羅丁把柏拉圖的「四主德」與身體靈魂所具有的善性相聯繫，把它們解釋為公眾生活不可缺乏的、但卻是較低級的德性。

公德有兩個特徵：實踐性和否定性。公德的實踐性在於，它表達為指導公眾生活的準則，實現於日常的生活之中。按照前述的靈魂的「專注」與「自覺」成反比的特性，專事於公德不是自覺行為，或者說，它是一種社會習慣，不需要理論說服和思慮選擇便能普遍實施。公德作為人性的律法在不知不覺地發揮作用。這種作用是否定性的，用波菲利話來解釋，公德「限制與衡量欲望和情感，除去錯誤的意見」。[71]公德的否定性作用可以使人們避除邪惡，但卻不足以使人趨善求善。即使如此，公德可以匡正身體靈魂，保留其善性，仍不失為神聖靈魂的徵象。在此意義上，不難理解為什麼柏羅丁說公德有助於一個人成為類似於神的人。

二、淨　化

「淨化」又稱作沈思德性。據波菲利的解釋：「沈思德性使靈魂免除情欲，使人趨向於與神相融合。」[72]這種德性的特徵是自由和幸福。所謂自由，指靈魂擺脫了公德階段不得不保留的欲望和情感。柏羅丁說，具有高級德性的個人不再滿足於一般的好人的生活，他

---

[71] S. MacKenna, *The Essence of Plotinus*, ibid., p.23.

[72] 同上。

與靈魂的低級本性（欲望和情感）相脫離，過著神的生活。[73]公德能規範人的外在行為，但卻不能使人們在內心裡愛神、求善。真正的自由應該是內在的，不需要外在實踐。公德的實踐是外在的，其動力是塵世快樂，即欲望和情感的正當活動，但不是真正幸福。只有在內心的沈思中，靈魂回歸心靈，趨向太一，才會感受到生命和心靈的美妙，體驗到對生命之源的熱愛。柏羅丁承認德性和快樂都是幸福的必要條件，但並不持折中調和之立場，而是對幸福所需要的德性和幸福相伴隨的快樂作出新的解釋。

按照他的解釋，幸福所需要的德性是沈思德性，沈思德性雖然表現為內在實踐，但卻不只是純思辨活動，而是與審美相伴隨的愉悅。淨化不同於「不動心」，它所排除的是身體的欲望和情感，使神聖之愛不受塵世污染。但是，神聖之愛和世俗之愛有類似之處，它也是一種悅愉、滿足和安心。柏羅丁用一個女兒對父親的愛來比喻神聖之愛：

> 靈魂很自然地對神有一種愛，以一個處女對她那高貴父親的愛那樣，要與神融合在一起。可是，當她委身於生育時，她在婚姻中受騙了，於是她把以前的愛轉換成塵世的愛，失去了她的父親，變得放蕩起來，一直要等到她重新開始厭惡塵世的放蕩，她才再次變得純潔，回到她父親那裡，才獲得安寧。這是何等的極樂。那些沒有體驗過這種快樂的人，想一想在塵世的愛的結合中，達到欲望的快樂，可以獲知這種極樂。[74]

---

[73] 《九章集》，1卷2章7節。

[74] 《九章集》，6卷9章9節。

柏羅丁在這裡一方面說明神聖之愛與塵世之愛的本質差別，另一方面又說明了兩者的類似之處。神聖之愛的極樂狀態雖然是塵世快樂不可及的，但只要想一想自己在擁有最心愛之物時的愉快心情，也可想像神聖之愛的快樂程度是何等滿意，何等歡愉。真正的幸福正是生命的強度和充實，並由完全的滿足而達到安寧。

三、觀　照

觀照是最高德性。如果說沈思使人幸福，觀照則使人迷狂。迷狂是比幸福更強烈、更充實的生命體驗，是靈魂出竅，捨棄軀體，與生命本體心靈，乃至至善的太一相合一的不可名狀、無與倫比的生命體驗。只有在這種體驗中，才能達到神人合一的狀態。

柏羅丁把觀照作為最高德性，顯示他把神人合一的目標作為最高的道德理想。因為非如此不能達到至善，不能達到生命之端。柏羅丁一直強調的一個心理事實是：一個對象被看得越清楚，它所能喚起的興趣也就越小。沈思德性以神為思辨對象，在「沈思」和「熱愛」之間也有一種反比關係。雖然沈思所喚起的神聖之愛比世俗之愛強烈無比，達到極樂的幸福狀態。但是，幸福尚且不是最強烈的生命體驗。它仍然需要對象和目標的取得為滿足和安寧的前提條件，仍然肯定了思辨者和思辨對象、幸福感受和幸福目標之間的隔閡。只有打破這種隔閡，才能達到至善的境界。否則，善的目標和善的體驗（或追求）總是不一致的。如柏羅丁所說：

> 什麼是一個人的善呢？這是他所擁有的善，他自己的善。超越的善是他所有的善的原因。善本身不同於呈現於他的善。[75]

沈思德性使人擁有善，達到呈現於他的善，但還沒有達到善的本體，即那個使他擁有善的終極原因。觀照這種德性所達到的神人合一狀態，意味著觀照是神的自觀，擁有的善是融合於善的本體。柏羅丁這樣形容觀照：

> 他不再看見一個對象，但將視線與對象融合，致使從前的對象變成視線，忘記其他一切景象。[76]

可以說，觀照只見光線，不見對象，好像一個人若與太陽合一，除了光線之外還能看見什麼呢？同理，太一是生命之源、存有之源，回歸太一的觀照除了太一的流溢之外，再也看不到什麼具體的對象。

柏羅丁還指出了觀照的一些特徵。首先，觀照懸擱了一切關於外物的知覺，在迷狂狀態，靈魂甚至不知道自己是否在身體之中。其次，觀照是極少數人才能達到的罕有體驗，但他自稱「經常」有觀照的經歷。[77]第三，觀照不呈現任何圖景，因為對象已經消融，即使神的形象也不會出現，否則將不會有神人合一的狀況。第四，觀照不可言說，無可名狀，因為太一本身是超越人的語言的，回歸在太一之中的狀態因而也是語言無法表達的。最後，觀照是突如其來的，非人為努力可以獲取。這意味著，觀照不是目標的達到，人們甚至不能對它有所期待和企望，必須把靈魂交付給神，讓神賜予觀照，讓神召回與自身相通的人的靈魂。另一方面，柏羅丁不是宿命論者，他要求不完全依賴天命和恩典。個人在公德和沈思階段的

---

[75] 《九章集》，1卷4章4節。

[76] 同上，6卷7章35節。

[77] 同上，4卷8章1節。

努力是觀照的前導和準備。雖然這些努力並不必然導致觀照，但是，沒有這些努力，觀照必然不會發生。

公德、淨化和觀照是三種由低到高的德性。具有某一種德性就是踐履這一德性的活動，因此，德性不僅是指導靈魂的規範，而且是有德性的人的修行。柏羅丁的德性論不限於倫理學領域，他的倫理學是與本體論和宗教思想聯繫在一起的。他的德性論同時也是一種宗教式的靈修論，他一方面把宗教倫理化，即把宗教活動當作個人靈魂踐履高級德性的行為，擺脫對人格神的崇拜和外在禮儀形式；另一方面，他也把倫理宗教化，即把道德實踐歸結為個人靈魂復歸於神的人神合一的神秘修行。為了進一步理解他的倫理思想，我們還必須深入考察他對個人靈魂的歸宿這一形而上學和宗教主題的看法。

第五節　個人靈魂的歸宿

柏羅丁對人的靈魂的一般本性有這樣的闡述：

> 存在著心靈的和感性的兩個領域。靈魂最好存寓於心靈領域，但它有這樣的本性，它必然也要生活在感性領域。因此，靈魂處於中間的等級，沒有理由抱怨它不處於最高級的地位。靈魂有神聖本性，處於心靈領域的邊緣，與感性領域相聯，並賦予可感領域某些東西。但反過來受到感性領域影響。當它不能以不危及自身安全方式駕馭身體時，它被無節制的欲望所驅動，沈溺於身體之中，不再與靈魂本體相結合。然而，靈魂可以在這種狀況中上升，開始思考它在下界所看到的和

> 所遭受的苦難，因此更加珍惜在上界的生活，更清楚地知道什麼是相對於惡的善。實際上，關於善的知識被對於惡的體驗所強化，除非我們體驗到惡，我們不能知道它究竟是什麼。[78]

在這一段重要論述中，柏羅丁以靈魂本性說明人的靈魂的兩種不同歸宿。根據靈魂處於心靈領域和可感領域之間的本體論觀點，柏羅丁指出了靈魂下降到可感世界、與具體的形體相結合的必然性。然而，對於人的靈魂而言，它的歸宿並不是永遠與身體結合在一起。人的靈魂具有選擇的自由，它可以迷戀於身體，心甘情願地墮落在可感世界；也可以拋棄身體，重新上升到心靈領域。個人靈魂的選擇決定了它的兩種完全不同的歸宿：前一種是輪迴，後一種是歸復。雖然個人靈魂必然地下降在身體之中，但它的歸宿卻是自己的自由選擇所造成的。柏羅丁於是說：

> 在沈溺於生育和為了整體的完善而下降之間，在正義和「洞穴」之間，在必然性和自由選擇（必然性包括自由選擇）之間，在存寓於身體和變為邪惡之間，並無矛盾之處。[79]

「無矛盾之處」指個人靈魂的兩種活動趨向和歸宿是可藉選擇的同等的可能性。個人靈魂下降在身體之中，或是為了肉體快樂（「沈溺於生育」），或者是為了創造感性世界（「整體的完善」）；個人靈魂對待感性事物，或採取「正義」立場（正確看待它們應有的價值），

---

[78] 《九章集》，4卷8章7節。

[79] 《九章集》，4卷8章5節。

或處於「洞穴」狀態(「洞穴」是柏拉圖在《理想國》裡的一個比喻,指靈魂把影像當作真實的蒙昧[80]);對待自己的身體,靈魂或可把它當作暫棲之處、臨時的工具,或把它作為永居的場所,因而變得邪惡。

上述引文中,最為意味深長的是,柏羅丁指出在必然性和自由選擇之間並無矛盾,並指出「必然性包括自由選擇」。我們知道,「必然性」和「自由意志」的關係問題,是西洋哲學史上最重要的問題之一,多少哲學家為之殫精費思而不得其解,故十七世紀哲學家萊布尼茨將之列為哲學的「二迷宮」之一,十八世紀的康德也把它當作四個「二律背反」中最重要的一個。柏羅丁可以說是最早明確地提出了這一問題,並提出獨到見解的一個哲學家。

如果說,必然性是出自本性的活動及其結果,那麼,個人靈魂的輪迴和復歸都是必然的。輪迴之所以是必然的,是因為靈魂必然要下降在身體之中,與身體相結合。一個人的身體死亡之後,個人靈魂並不隨之朽滅,它作為不朽的生成原則,轉移到另一個身體之中起作用,這是一種自然必然性,人的靈魂也依此進行周而復始的循環運動。但另一方面,復歸也是必然的。「復歸」(epistrophe)是希臘哲學的傳統觀念,指凡是從本原派生出來的東西返回本原的必然性。最早的米利都派哲學家,公元前六世紀的阿那克西曼德(Anaximander)把這種必然性表達為「補償原則」。根據這一原則,從本原分離出來的事物是對本原的損害,因而它們最終要回歸本原作為補償。這是「時間的安排」和「報應」,「根據必然性而發生」。[81]把這種古老觀念應用於柏羅丁靈魂觀,不難得出這樣的結

[80] 柏拉圖:《理想國》,514a～517a。

[81] 見辛普里丘《物理學注》,24章13節。

論：個人靈魂來自靈魂本體，靈魂本體屬於心靈領域，因此，個人靈魂按其必然性下降在感性世界的身體之中，也必然回復歸到屬於它的本體和領域。

靈魂依其本性下降出自必然性，個人靈魂在下降之後的墮落或上升，也有其必然性。靈魂活動的這些必然性，如柏羅丁所說，包含著自由選擇。這是因為，靈魂的本性是欲望，總要朝向異己的可欲對象移動。這種驅使靈魂運動的欲望是自由自主的力量，它要擺脫心靈所規定的統一性和普遍性，欲求屬於自己的個性和所有物，因此下降在可感世界之中，與質料結合為形體，與身體結合而形成個人。在身體之中的靈魂，如我們在本章第二節所分析的那樣，具有「肉欲」和「意欲」這樣兩種不同欲望，前者棄善從惡，使靈魂墮落於身體之中，後者趨善避惡，上升到純淨的心靈領域。不管肉欲還是意欲，都是個人靈魂選擇善惡的自主力量，它們因此造成了靈魂的兩種不同歸宿。

有人也許會問：既然必然性已經包含有自由選擇，為什麼專門區別出「自由選擇」的概念加以強調？難道不能用靈魂的欲望的本性及其造成的必然性來解釋靈魂的下降、墮落和上升這三種趨向嗎？固然，靈魂的本性和必然性可以解釋靈魂的運動趨向和它們的狀態，但卻不足以完全指明靈魂的歸宿。因為靈魂的歸宿總是與它們最終所能獲得的結果相關的，這就是獎賞和懲罰。在柏羅丁看來，靈魂的復歸是對靈魂的獎賞，靈魂的輪迴則是對靈魂的懲罰。然而，他知道這樣一個道理：獎賞和懲罰是相對於自由選擇所造成的後果而言的。如果個人靈魂的活動只是被決定的，它不為它所不願和不知的行為後果承擔責任。在日常生活中，一個人只為他的自願活動的後果承擔責任。同理，既然善或惡是個人靈魂的自由選擇所造成的後果，那麼為善的選擇而獲獎，因惡的選擇而受罰，這就是神意公正的安排。

關於個人靈魂所能受到的懲罰，柏羅丁這樣寫道：

> 靈魂犯有兩類錯誤：一是下降，二是下降後的邪惡。第一個錯誤被它下降的狀況所懲罰。對第二個錯誤的懲罰則是從一個身體轉移到另一身體，按照它所得到的判決，決定輪迴期限之長短。如果作惡多端，無從判決，則要把這一靈魂交付給復仇的魔鬼去施行更嚴厲的懲罰。[82]

柏羅丁關於靈魂不朽的學說與許多宗教教義一樣，具有懲惡揚善的倫理意義和功能。相比之下，我們或許會發現，柏羅丁上述思想更接近於佛教的輪迴教義。按佛教一般教義，人生充滿苦難，此即柏羅丁所說的靈魂「被它下降的狀況所懲罰」的意思。佛教相信人的靈魂根據前世所為，來世投生為不同人等，甚至動物，作為報應，還有地獄，懲罰惡人。柏羅丁也說，輪迴是對靈魂生前邪惡行為的懲罰，還有魔鬼懲罰極惡之人。佛教認為，永生就是脫離生命的輪迴，這相當於柏羅丁所說的復歸心靈領域（即「極樂世界」）。基督教雖然也相信個人靈魂不朽，將接受上帝的獎懲，但認為這將發生在「最後審判」時刻。這就要求，每個靈魂都是一個特定個人的靈魂，而不會轉生到不同人的身體之中。我們看到，柏羅丁解決了個人靈魂不朽和靈魂輪迴之間的理論不協調之處（見第二章第五節），遂使他對懲罰的觀點不同於基督教的末世說，而接近於佛教的輪迴說。

---

[82] 《九章集》，4卷8章5節。

雖然柏羅丁曾隨軍到東方，企圖尋找真正的智慧，但沒有證據表明他受到印度佛教的任何影響。他的輪迴觀念的直接來源是柏拉圖的「靈魂轉世說」。柏拉圖把靈魂分為九等，最高的靈魂分屬於哲學家、愛美者和音樂家，最低的兩種靈魂分別屬於智者和暴君。有德性的哲學家如果在三個時期（每期一千年）都過著同樣的德性生活，他們的靈魂就會重新長出翅膀，復歸理念世界。其餘人等的靈魂在一生結束之後則要接受判決，根據生前善惡，在來世或上升到較高等級，或下降到較低等級。暴君如果在來世繼續作惡，他們的靈魂將會淪為動物靈魂。[83]

柏羅丁對柏拉圖的「靈魂轉世說」加以修改。對他而言，轉世或輪迴只是一種懲罰，而不包括獎賞。因為他放棄了對個人靈魂的等級劃分。對他而言，人的靈魂本性是相同的，但由於靈魂的自由選擇，而有兩種歸宿：轉世是靈魂在肉體中的持續墮落，這是懲罰。轉世期間，靈魂並不發生等級的升降，但柏羅丁承認，靈魂投生到的身體會有等級高低差別。他說，懶散貪逸之人好似祭祀豺狼之肥羔，他們在豺狼的陰影下生活，當他們死後，「合理的、自然的後果就會到來」。[84]這暗示他們的靈魂將投生到羊的軀體之中。

另一方面，個人靈魂的上升是靈魂自我向善的抉擇，並不意味著它比墮落的靈魂在本性上更高級。實際上，上升的靈魂和墮落的靈魂有著同樣的能力，它們的不同歸宿取決於它們的自由選擇，而不在於命定的等級地位。柏羅丁對柏拉圖學說的修改取消了個人靈魂的等級劃分，突出了自由選擇的決定性作用，從而使靈魂轉世說帶有更高、更嚴峻的道德要求。

---

[83] 柏拉圖：《斐德羅篇》，248d～249b。

[84] 《九章集》，3卷2章8節。

復歸是與輪迴相反的靈魂的歸宿，靈魂的上升之旅。在什麼意義上，復歸是對靈魂的獎賞呢？柏羅丁充分利用了斯多亞派提出的「德性是自足的」觀點。「德性自足論」認為德性生活的最高獎賞就是獲得德性。如果我們把柏羅丁提倡的復歸理解為個人靈魂的淨化與修行，那麼，靈魂在此過程中獲得的高級德性（包括沈思德性和觀照）就是最好最高的獎賞。復歸的靈魂並不是恢復到下降之前的狀態。經過下降和上升的過程，復歸的靈魂獲得比它下降之前的靜止狀態更多的知識、更好的理解和更大的歡悅。如前所述，柏羅丁認為善只有在與惡相對照的條件下才能被看得更清楚，這是個人靈魂為什麼要經歷下降，然後再復歸的原因，靈魂在下降狀態體會到惡，在復歸時克服了惡，經過與惡的較量，更體認到善的可貴。這種體認伴隨著自由與幸福，安寧與充實，極樂與迷狂，正是個人靈魂的德性修養所獲得的獎賞，前一節已有敘說，茲不贅述。

復歸與輪迴相反之處還在於後者是執著於身體，前者則是離棄身體。輪迴是靈魂在身體之間的轉移，發生於生前與死後之間；復歸的運動則不拘生死，因為身體對於復歸的靈魂而言只是空的軀殼，用後廢棄的工具，並無利害。離棄身體並不一定意味著提前結束身體的生命，即不一定需要自殺。有跡象表明，柏羅丁並不反對在某種特別情況下用自殺手段離棄身體，但這不是復歸的必需的條件。並且，在自殺時應心安理得，心平氣和地離世，不能有任何過錯和內疚之感。[85]無論如何，靈魂的復歸完全可以發生於生時，不必推延到死後進行。實際上，沒有生時的德性修養，死後遑論靈魂之淨化、上升。可以說，柏羅丁所談的復歸，主要指的是人們在有生之年的德行，而不是關於死後靈魂漫遊的神話。

---

[85] 《九章集》，1卷4章7節。

柏羅丁還提出了這樣的問題：什麼樣的人能夠踏上復歸的旅程呢？他引用柏拉圖的話說，只有那些知道一切，或至少知道大多數事物的哲學家、音樂家和愛美者的靈魂能夠復歸。[86]柏羅丁並沒有用命定論的立場理解柏拉圖思想，並非所有哲學家、音樂家和愛美者都注定有復歸的命運，他們的靈魂之所以能夠復歸，乃是由於他們對美有真知灼見，因而能作出正確選擇。再者，「愛美者」也不是一種職業，每一個人都可以是愛美者，都有可能作出正確抉擇。相反，靈魂的墮落也是與它對於美的無知或錯誤的、虛幻的意見所造成的。所有這些都需要由柏羅丁的美學思想出發加以進一步闡釋。

「美」的觀念在柏羅丁思想中占有重要位置。《九章集》完成的第一章的主題就是「論美」（波菲利將它編排為第一卷第六章）。柏羅丁的美學不是關於藝術理論，而是關於一切事物（包括心靈領域和可感領域）的秩序的本體論。他對此有如下結論：

> 總之，可以說第一本體即美。但如果心靈本體被區分出來的話，可以把美與善相區別：善是超越美的源泉和本體，美則位於理念型相。否則的話，我們就要把善和美當作同一個本體。要之，美存在於心靈領域。[87]

柏羅丁傾向於區別善和美的主要理由是：善是最初的源泉和終極的目的，它因而不在事物的等級秩序之中，或者說，超越了等級秩序。美則代表或象徵著事物的秩序，因而不同於善、低於善。事物的秩序是理念型相所決定的，理念型相存在於心靈領域，由此可以推導

[86] 同上，1卷3章1節。

[87] 《九章集》，1卷6章9節。

出美存在於心靈領域的結論。柏羅丁認為，美是理念型相的特徵和表象。凡是理念型相，或一切具有、分享理念型相的東西都是美的。

美具有這樣的本性：既可知又可感，既可思又可見，既內在又外在。正因為如此，美貫通了心靈領域和感性領域，把兩個領域的一切存有物排列成由低到高的等級。

最低級的美見於形體之中，它們是視覺以及其他感官的對象，其特點是對稱、合乎比例，以及悅目的顏色。其次是身體的動作、生活方式、人的性格，等等，所有這些與形體（包括人的身體）有關的美都是靈魂所創造出來的美，它們的美來自於靈魂在創造它們時所摹仿的原型。值得注意的是，柏羅丁肯定，人的靈魂所創造的藝術美高於世界靈魂所創造的自然美。在這一方面，他不同意柏拉圖見解。柏拉圖認為，自然物是理念型相的影像，藝術品則是自然物的影像，或原型的「影像的影像」。柏羅丁則以天然石頭和人工或神工雕刻而成的石頭為例，後者不但摹仿「石頭」的理念原型，而且摹仿了「藝術」的理念原型，分有了兩方面原型的藝術品因而比只分有一種原型的自然物更美。

德性是內在於靈魂的美，比靈魂創造出來的外物更美，處於更高的等級。通過德性活動，人可以觀賞到最美的理念原型，認識到它們是美的來源。人的靈魂所觀賞的不僅是單個的理念型相之美，而且是它們之間的整體和諧的美，從而看到宇宙的秩序的美好，由此再進一步，看到美好的秩序來自於最初的本原和創造的目的，這就是善。因為審美活動最後終止於善，我們又可以說，善是最高的美。柏羅丁說：

沒有見過太一的人把它作為意欲的善的目標，但見過它的光彩和美的人，充滿著驚奇與歡悅。[88]

這是在說，人能體驗到的最高的美是善，因為對善的觀照引起無與倫比的歡悅。但這並不是說，善等於美。因為我們看到，柏羅丁傾向於把美作為理念型相的特徵，雖然對理念型相的審美活動可以導致更高、更強烈的對於善的美感，但不能因此把太一的善的特徵等同於心靈的美的特徵。

善和美的區別還在於，美是靈魂的直接的可欲目標，人們總是首先對那些具有感性美的東西產生欲望，並通過感性美的欣賞，逐步上升，最後到達對善的追求和觀賞。可以說，愛美之心，人皆有之，每一個人在一定程度上都是「愛美者」。但是，並非每一個人都是善者，或有德性的人。原因何在呢？這是因為，並非每一個愛美者都能沿著美的秩序上升到對善的追求和觀賞。有些人只能達到某一程度的美，便停留下來，並把他們所留戀的美當作最高的美，不知道美的秩序，不知道有更高級的美，這正是靈魂的無知所致，這也是倫理上的邪惡的原因所在。柏羅丁因此說，有些愛美者「為了美的緣故而陷入醜之中」，「追求好處的欲望經常導致淪落為邪惡。」[89]其中的道理正是由於顛倒了美的秩序，把低級的美當作最高目標追求，把一般的好處作為生活的目標，這才產生了由美至醜，由善到惡的轉變。因為每一事物都有一定程度的美和善，但這是合乎等級秩序的美和善，如果違反這一秩序，把相對的美和善當作絕對的美和善，把低級的美和善當作高級的美和善，加以追求和觀賞，那麼就會走向反面，淪為醜惡。這個道理特別適用於對待身體美的

---

[88] 《九章集》，1卷6章7節。

[89] 《九章集》，3卷5章1節，63行。

態度。我們看到，身體美是比較低級的美，但靈魂如果滿足於身體美，把它作為最高的美來享受，那麼就會出現柏羅丁所說的「陷入性交的迷亂」。[90]追求身體上的好處的欲望就會變成肉欲。當然，柏羅丁並未否定人類在食色方面欲望的正當性（美和好處），他所否定的只是把這方面欲望的滿足當作生活最高目標的正當性。

我們現在可以看到，柏羅丁的美學思想如何關涉到靈魂的歸宿問題。他的美學所闡述的美的秩序實際上是一條復歸的徑路，沿此逐步上升，最後可達到心靈之美，乃至太一之善。但如果反其道而行之，顛倒上下關係，把低級的身體美作為最高目標，那麼就會淪為醜惡，不能擺脫在身體之中輪迴的命運。靈魂由於沈溺於身體的美而在身體之中輪迴，這也可說是咎由自取。

最後，柏羅丁強調哲學對於靈魂的復歸具有指導意義。他說：

> 辯證法是哲學最珍貴的部分，而不只是哲學的工具，不只是抽象的理論和規則。辯證法關心的是事物自身，它們的存有，它的內容是辯證的方法以及對事物本身的陳述。[91]

辯證法的方法是自下而上的探求。柏拉圖曾說，自下而上的「全過程不摻和任何可感事物，只在理念型相之中移動，最後到達理念」，即最高理念——善。[92]這也是柏羅丁所說的「只關心事物自身」和「存有」之意。就是說，辯證法不是對可感事物的認識，而是無形體的美的逐步上升的追求。

---

[90] 同上，3卷5章1節，38行。

[91] 《九章集》，1卷3章5節。

[92] 柏拉圖：《理想國》，511b～c。

辯證法雖然是哲學的一部分，但實際上，所有需要復歸的靈魂都需要辯證法，只不過「哲學家自然地採用這一條徑路，而音樂家和愛美者則需要導引。」[93]哲學家的起點是思辨，他們不需要考慮有形的可感事物的性質，自然而然地採用辯證法。音樂家可以直接欣賞到形式的美，音樂具有和諧形式，但這種形式還不是理念型相，而是和可感事物（如聲音）結合在一起的形式。通過引導，音樂家可以把形式與可感事物相分離，並通過形式美進一步認識到理念型相之美。至於愛美者，他們最初熱愛的是形體美，通過引導，可以逐步上升到熱愛無形的美，進入心靈領域。他們需要更多的辯證法訓練。

我們可以看到，辯證法的探索和前一節所說的德性的修行是同一過程，都是由低到高，由思辨到神秘直觀（觀照）的過程。只不過辯證法是思維的訓練和方法，德性則是實踐的修養。理論思維和德性修行對於柏羅丁來說並不是兩個過程，兩者都是靈魂復歸的路徑。對靈魂復歸方式可以從理論上和實踐上分別作出不同的解釋，但靈魂復歸卻只有一條路徑。柏羅丁把哲學，尤其是辯證法和神秘主義的修行結合在一起，表現了西方神秘主義的一個重要特點，即，它的思辨性和知識性。中世紀哲學史家日爾松(E. Gilson)曾區分了不同的神秘主義。他說：

> 有些非常顯要的神秘主義者不通文墨，有些非常顯要的神秘主義者雖然受過一些教育，但卻把知識同神秘的生活分開。只有那些學識淵博的神秘主義者才渴望把知識本身轉化為神秘的沈思。[94]

---

[93] 《九章集》，1卷3章1節。

柏羅丁開創的新柏拉圖主義屬於最後一類神秘主義。它沒有流行下層群眾中間的神秘主義的素樸、直觀特點，也不是帶有宗教狂熱的粗鄙信仰。它充滿著理性的論辯、辯證的分析和系統的論述。只是在經歷了思維的全過程，竭力窮盡人類知識之後，它才最後展現出不可言說的神秘境界。這種神秘主義對西方哲學和思想文化具有深遠影響，我們在下章將加以介紹。

---

94 E. Gilson, *History of Christian Philosophy in the Middle Ages*, New York, 1955, p.170.

第五章　新柏拉圖主義的發展與影響

柏羅丁開創的新柏拉圖主義在西方哲學和思想史上具有長遠的影響，這種影響足以顯示柏羅丁的歷史地位。我們在本章首先說明新柏拉圖主義的興起和衰落的過程，然後介紹這一思想對後世的久遠的影響。

第一節　新柏拉圖主義

《九章集》的出版受到當時知識界的歡迎，吸引了一批追隨者。在公元三至五世紀中，形成了新柏拉圖主義的運動。其中心有羅馬、敘利亞、亞歷山大城和雅典。下面分別介紹新柏拉圖主義各學派的主要代表人物。

一、羅馬時期

柏羅丁在羅馬從事教學和著述二十多年。他去世之後，其弟子波菲利也長期在羅馬活動。在五十餘年的時間裡，柏羅丁和他的弟子們在羅馬創立了新柏拉圖主義，並把這種思想傳播到各地。

波菲利是柏羅丁思想的主要繼承者和傳播者。他是敘利亞泰爾人，原名馬爾克（「國王」之意），「波菲利」是原名的希臘譯名

(「紫袍」之意)。他早年在雅典師從號稱「活圖書館和流動博物館」的博學大師倫津(Longinus)。262年到羅馬，不久成為柏羅丁的熱忱門徒。此後除一度返回敘利亞治療精神憂鬱症之外，一直在羅馬傳播其師學說。他除了整理出版了《九章集》，為柏羅丁撰寫傳記之外，還著有四篇論文，題目分別為：《避肉體戒》，《亞里士多德「範疇篇」引論》，《要句錄》和《尼弗斯神龕》。此外還寫過反基督教的著作，現已失傳。

波菲利的思想是希臘哲學和東方宗教的混合。他對希臘哲學家著作所作的注釋表現出他的深刻見解。比如，他把柏拉圖和亞里士多德的分歧歸結為關於共相性質的三問題：第一，共相是獨存的實體，還是僅僅只存在於人的思想之中？第二，如果共相是實體，它們究竟是有形的還是無形的實體？第三，如果共相是無形的，它們是與可感事物相分離的，還是在可感事物之中？波菲利認為這是關於邏輯的高深問題，他雖然沒有給出答案，但他提出的問題引起了中世紀學者圍繞共相性質問題展開長時期論戰。十二世紀的士林哲學家索爾茲伯利的約翰(Joannes Sareberiensis)評論說，解決這一問題的路途如此漫長，連世界在此過程中也變得古老；花費在這一問題上的時間比凱撒征服世界的時間還要長；花費在研究和爭論上的金錢比克雷茲棺材裡的錢還要多。❶可見波菲利問題影響之深遠。

《要句錄》一文對柏羅丁思想加以簡明介紹，也作了值得注意的修改。比如，他把「心靈」本體進一步分為「存有」、「思想」和

---

❶ A. Hyman, ed., *Philosophy in the Middle Ages*, Indianapolis, 1974, p.167. 附注：克雷茲(Croesus)是公元前六世紀小亞細亞地區呂克底國王，以富有誇耀於世，被波斯人所殺，並在其棺材填滿生前搜刮的金錢，以示折辱之意。

「生命」這樣三個次級本體。他認為，其他各種各樣事物都分別屬於這三個次級本體。後來的新柏拉圖主義者再對每一個次級本體進行三重區分，繁衍出不同層次的眾多的大大小小本體。這種做法來源於波菲利的區分。

波菲利思想帶有更濃厚的東方宗教因素，包括：沈重的道德犯罪感，把神人相通的神秘境界推往來世，更嚴格的禁欲要求，等等。波菲利與柏羅丁思想的一個明顯差別在於：他的老師關心的是靈魂的上升和復歸，他卻更多地強調靈魂的沈淪以及擺脫身體的困難。他似乎認為，惡是人的靈魂的本性，因此，靈魂總是趨於下降在身體之中，找到表現自身本性的合適形式，身體因而成為人的靈魂不可推卸的永恆的負擔。即使人死亡之後，身體也不會完全消亡，而變成某種斯多亞派所說的「普紐瑪」那樣的精細物質包裹著不朽的靈魂，繼續影響著靈魂。

波菲利承認，德性是靈魂擺脫肉體的過程。這一活動過程包括公德、淨化、思辨和至福四個階段。前兩個階段表現為現世的道德生活，後兩個階段是個人靈魂在靈魂本體和心靈本體之內的活動，這是現世生活所不及的。只有依靠神的恩典，在來世才能獲得思辨和至福的德性。波菲利對於現世的道德生活提出禁欲要求，他甚至把遊戲、娛樂和婚姻都視為罪惡。但他言行不一，不如柏羅丁高明。柏羅丁終生未婚，但卻承認婚姻的正常性；波菲利與一位寡婦結婚，而又譴責婚姻。

波菲利堅定地反對當時方興未艾的基督教。所著15卷的《反基督教》代表了希臘理性主義排拒基督教的立場。他對基督教的批評同樣也適用於羅馬宗教。他在寫給一位羅馬宗教祭司的信裡說：

> 神所要求的犧牲不是祈禱，而是虔誠生活。他所看重的不是口舌，而是生活。
>
> 真正的宗教是認識並摹仿神，有智慧的人才是真正的祭司。
>
> 人應當奉獻的是潔淨的心，而不是貴重的禮物。

這些話表達出希臘哲學家們共同的「理神論」立場。他和柏羅丁一樣，把宗教看作是淨化靈魂和提升德性的思辨和修行。但他放棄了柏羅丁提倡的「神人合一」的最高目標，認為人充其量只能摹仿天使。

波菲利並不是徹底的理性主義者，他的宗教觀同樣帶有東方神秘主義色彩。他特別為迦勒底(Chaldaean)巫術進行辯護。他說，妖魔和邪惡靈魂無所不在，甚至充斥廟宇，偽裝成神。妖術是神交付給妖魔的贖金，可以消除妖魔在人和神之間設置的障礙，等等。我們可以看到，波菲利的思想混合了哲學的理性和宗教的迷信。後來的新柏拉圖主義沿著這條道路走得更遠。

二、敘利亞派

波菲利死後，新柏拉圖主義的中心轉移到他的家鄉敘利亞。這裡受希臘哲學影響較少，東方宗教和巫術盛行。在這種環境裡，新柏拉圖主義的神學理論同粗俗的迷信相混合，神秘主義變成欺世惑眾的妖術。敘利亞派代表了新柏拉圖主義的陰暗面，它是用偶像崇拜與迷信來代替柏羅丁的本體理論而產生的變種。

敘利亞派的創始人揚布利柯(Iamblichus)是波菲利的學生。他從柏羅丁所闡述的太一的超越性出發，推導出一個反對柏羅丁所認可的理神論和一神論的結論。他說，既然太一是絕對不可言狀的，那麼人所能夠認識的性質都不屬於太一。太一超越了善，它是「不可被分有的一」。這樣，太一和萬物的聯繫就被割斷了，其目的是取消一個全善的、唯一的神的位置，而以多神論代之。

揚布利柯繁衍出一個多神論的體系。他把心靈、靈魂和自然當作三大本體，每一個本體又被分成三個次級本體。如，心靈被分成思想、可思對象和思想者。每一個次級本體再被分成三個更次級本體。每一組這樣的「三聯體」都是一組哲學範疇。這本來不失為編織哲學範疇體系的思辨方法。但是，揚布利柯卻為每一個哲學概念配備一個神祇或魔鬼，企圖把希臘哲學與神話以及東方宗教連成一體，其結果是產生一個雜燴，其中包括有神、天使、魔鬼和英雄。12位奧林匹亞之神產生36位天使，再產生72位魔鬼，最後產生360位英雄，除此之外，還有21位世界主宰和42位自然神。所有這些幾乎囊括了希臘羅馬和外邦宗教所崇拜的全部偶像的名稱，真可謂群魔亂舞、妖孽叢生。

揚布利柯的神秘主義是一種蒙昧主義和巫術實踐。他說，神和魔鬼能創造人的理性不可思議的事件，知識的目的是相信奇蹟。這種意義上的知識包括三方面內容：一是神秘的數字，它們給予可感世界以解釋，實際上，這不過是解釋概念和偶像之間對應的數目以及繁衍它們的加法和乘法；其二是歷史和啟示，如各民族神話傳說所描述的神的形像、性質和活動；最後，也是最重要的是，巫術能夠再現神的奇蹟。揚布利柯在波菲利提及的四種德性之上加上巫術作為第五種德性。巫術是人的靈魂與天使相通的明證，是比前兩種知識更完美的智慧和最高的德性。傳說揚布利柯在作祈禱時身體離開地面數尺。很多新柏拉圖主義者據說也會現身說法，施展各種巫術。柏羅丁式的神人合一的迷狂這時已成為半人半妖的魔術表演。

五世紀的尤皮里斯在《智者生活》一書所記載的新柏拉圖主義的女哲人索斯帕塔娜 (Sosipatra) 的生平也反映了新柏拉圖主義的迷信色彩。據說她在五歲時被交託給異人，學會迦勒底法術，得到一件法袍和一本封存在胸中的書。成年後嫁給新柏拉圖主義哲學家尤斯塔修(Eustathus)。婚禮上當眾預言丈夫命運：「你的星象是月亮，只能當五年哲學家，這是你的幽靈告訴我的。」五年後丈夫果然身亡。她回到家鄉傳授靈魂學，兼哲學家與預言家於一身，與揚布利柯的得意門生阿德修 (Aedesius) 齊名。她的一位親戚施巫術使她墮入情網。最後還是靠阿德修派學生馬克西姆 (Maximus) 用更高明的法術把她解脫出來。值得注意的是，這個馬克西姆後來成為皇帝朱利安的法術教師，同時又寫關於亞里士多德《範疇篇》的注釋。❷這些記載表明理論研究和巫術實踐如何奇怪地混合在當時新柏拉圖主義者的活動中。

羅馬皇帝朱利安 (Julianus) 是受敘利亞派影響的新柏拉圖主義者，他的幾個教師是揚布利柯學生，他推崇揚布利柯為「著名的英雄」、「希臘人的寶貴財富」、「希臘文化的拯救者」、「全世界的恩人」。他在位僅三年，但卻改變了君士坦丁大帝皈依基督教的政策，對基督徒展開新一輪迫害。

朱利安從理論上簡化了揚布利柯的體系。他認為一切都從太一中流溢，存有分為心靈和可感兩個世界，心靈世界包括心靈活動和心靈對象。這些都與柏羅丁教導無異。但他在此基礎上增加了太陽神崇拜的多神宗教的內容。他把心靈世界當作眾神的場所，主神是太陽，但卻不是可見的太陽，而是太陽的理念型相，各民族崇拜的

❷ 見 A. H. Armstrong, *The Cambridge History of Later Greek and Early Medieval Philosophy*, Cambridge, 1967, p.278.

太陽神，即希臘人稱作赫利俄斯(Helios)，波斯人稱作密特拉(Mithras)的那個神明。心靈世界以下是宇宙天層，其中居住著低一級的神靈和魔鬼。再下面才是人所居住的可感世界。不難理解，朱利安企圖用太陽神崇拜來代替基督教，其思想基礎正是他所構想出來的哲學和宗教相混合的新柏拉圖主義的世界圖式。

三、雅典派和亞歷山大城派

朱利安死後，新柏拉圖主義一蹶不振。直到五世紀初，才在雅典學園和亞歷山大城的學校裡，出現復興跡象。末期的新柏拉圖主義中的迷信成份已經減少，表現出研究柏拉圖和亞里士多德著作的理論興趣。新柏拉圖主義雅典派的創始人普魯塔克(Plutarch)著有亞里士多德的《論靈魂》注，其繼承人西里安(Syrianus)也著有亞里士多德的《形而上學》注。西里安的繼承人普羅克洛(Proclus)是晚期新柏拉圖主義最著名的代表人物，除著有柏拉圖的《巴門尼德篇》注,《蒂邁歐篇》注、《理想國》注等注釋外，還著有闡發新柏拉圖主義理論的《神學要義》和《柏拉圖神學》。在柏羅丁《九章集》未被譯成拉丁文的情況下，中世紀人們主要是通過普羅克洛著作來理解新柏拉圖主義的。

《神學要義》模仿歐幾里德《幾何原本》寫成，其演繹推理的原則是「三重發展律」。首先是與自身相同一的統一體，其次是由統一體的活動而產生的生成體，最後是生成體返回統一體而形成的復生體。統一、生成、復歸三重發展關係同時也是自因、原因、結果的因果關係，又是限定、不定、協定的整體關係。用柏拉圖的分有說原則考量，這又是不被分有、被分有、分有的存有關係。

普羅克洛把三重發展中的本體再進行三重區分。統一體被分為太一、心靈和靈魂，它們是純粹的真正的神。生成體包括心靈對象、心靈活動，以及這些對象和活動的同一體。復生體包括上天世界、內在世界，以及可感的自然界。與柏羅丁不同的是，普羅克洛並不強調三個統一體之間的聯繫，他把每一個統一體都看作是既不被分有，又不分有的獨立的自因，因而都是不可言說的。這意味著，太一並不是心靈和靈魂的原因。它們都是自因，分別是不同系列的開端。太一是絕對存在者系列的開端，心靈是生成體系列的開端，靈魂則是復生體系列的開端。

普羅克洛的理論體系有以下一些特徵：第一，他把柏羅丁所謂的三大本體變為三個系列的開端和自因。三者之間雖無因果關係或分有關係，但它們分別產生的絕對存在者、生成體和復生體之間卻有協同一致的關係。比如，心靈對象（理念型相）與上天世界，心靈活動與內在世界，心靈對象和活動的同一體與自然界之間有相互「同情」的感應關係，它們又分別與太一所產生的各個絕對的神祇有感應關係。這種理論體系把神與神秘的感應力看作是彌漫一切、包容一切、支配一切的決定力量。第二，普羅克洛承認，自然界的有形事物是從靈魂中發展出來的，否認有與靈魂相對立的質料的存在。他認為形體也是神聖的。至於心靈產生的生成體和靈魂產生的復生體，統統都是人格神。在他的神的譜系裡，不但有天使、魔鬼、英雄，還包括個人靈魂，甚至動物、植物和石頭的「靈魂」。他的思想體系實際上是挽救多神教和偶像崇拜所做的最後一次努力。第三，他用新柏拉圖主義的「同情」概念來解釋人的通靈術和巫術。他說，對神的認識「既不靠意見，又不靠知識，也不靠推理和直觀，而靠必然性」，❸即靠人所認識不到的、必然起作用的感應。但他也

❸ 引自C. Bigg, *The Neo-Platonists*, London, 1895, pp.325～326.

不完全摒棄知識。在知識、信仰和神通之間也有「三重發展」的關係。如果說知識是限定，信仰是不定，那麼神通就是兩者的協定。

我們已經看到，後期的新柏拉圖主義者如何建構出為多神論、偶像崇拜和巫術服務的理論體系。隨著羅馬宗教的地位被基督教所取代，這些適應羅馬多神教的理論在基督教的強大壓力下終於破產。亞歷山大城派的兩位哲學家的結局頗具象徵意義。女哲學家希帕蒂婭 (Hypatia) 於 415 年慘遭狂熱的基督徒殺害。她的學生西尼修 (Synesius)則於411年成為基督教會的主教。兩人分別代表了新柏拉圖主義或被消滅，或者皈依的命運。

雅典學派的結局則是一條流亡的命運。公元 529 年，信奉基督教的羅馬皇帝查士丁尼下令關閉雅典的一切學園，學校財產被充公拍賣。新柏拉圖主義的學校自然也遭此劫難。這一事件標誌著存在著一千多年的希臘哲學的正式消亡。所幸的是，辛普里修(Simplicius)、達馬斯修(Damascius)等七位著名的新柏拉圖主義學者流亡到中東，在那裡留下了希臘哲學的火種，保存在後來發展起來的阿拉伯哲學著作裡。直到公元十二世紀，阿拉伯哲學傳入西歐，希臘哲學的遺產才被西方人大規模地吸收、繼承和發揚。在此之前，在西方基督教世界發生影響的，主要是新柏拉圖主義。

第二節　新柏拉圖主義之歷史地位

新柏拉圖主義作為一個獨立的哲學派別雖然消亡了，但作為一種哲學思潮，它仍然廣泛流傳。在基督教已成為國教的歷史時期，它主要流傳於基督教內部。新柏拉圖主義對早期基督教的影響有正、負兩個方面。它一方面加強和助長了諾斯替派和阿里烏斯派

(Arians) 等勢力強大、流傳久遠的異端，成為正統教會的主要攻擊目標；另一方面又成為教父時期正統神學的主要理論來源。

我們先來看新柏拉圖主義與基督教內部異端的密切聯繫。早期基督教內部最先出現的異端是諾斯替派(Gnosticism)。這一名稱來自希臘文gnosis（知識），因為該派主張通過一種神秘的、無法言傳的知識與神直接溝通，達到靈魂拯救之目的。柏羅丁在世之時，諾斯替派已開始流行。波菲利在傳記中提到，柏羅丁周圍有些諾斯替派成員；柏羅丁雖然把他們當作朋友相待，但堅決反對他們的思想，並在《九章集》中，專門寫了《反諾斯替派》的論文。柏羅丁擔心這些諾斯替派朋友會在他的派別內部破壞、歪曲他的思想。他的擔心不是沒有理由的。柏羅丁同樣主張由神秘的思辨與神溝通。但他反對諾斯替派把神人格化，把神秘知識作為脫離道德人生的通神「捷徑」，　也反對他們關於神和世界及人的關係的混亂看法。然而，柏羅丁之後的新柏拉圖主義者構造出來的哲學與多神論、神秘與迷信、修行與巫術相混合的各種龐雜的思想體系，卻為諾斯替派提供了精神支柱。諾斯替派著作都已失佚，但是，我們從早期教父所寫的駁異端的著作裡引用的諾斯替派觀點，仍可看出新柏拉圖主義影響。比如，伊里奈烏(Irenaeus)在《駁異端》一書中說，第一個採用「諾斯替」名稱的人是瓦倫丁 (Valentinus)。他說，造物主是「不可說」和「不說」的東西，從中產生出「父親」和「真理」， 然後又分別從這兩者再產生出「理性」和「生命」、「神性」和「人性」。這些都是最初的神祇，從神當中又產生出支配世界的十大力量……。❹從伊里奈烏的描述中，我們不難看出，諾斯替派沿襲了新柏拉圖主義以「不可言說者」為本原，用大概念派生小概念，並把概念分派

---

❹ *The Ante Nicene Fathers*, ed. by A. Robert, vol. I, Buffolo, 1885, p.332.

給人格神的做法。伊里奈烏的學生，另一著名教父希波利特(Hippolytus)在《駁一切異端》中，把所有異端分為五大派別，它們共同特徵是以「靈通」般神秘知識與神溝通，可以看作是諾斯替派的來源和分支。他特意說明，諾斯替派創始人的學說來自柏拉圖和畢達哥拉斯。諾斯替派創世說按照「一」生「二」的圖式進行，受柏拉圖《蒂邁歐篇》影響。這些異端還說，神是非存在，因為任何存在事物都有名稱，神超越一切有名稱的事物，故無名稱，或曰非存在。希波利特總結說：

> 他們的理論來源於希臘人的智慧，來自那些構造哲學體系的人的結論，來自天文學家神秘預測與異想天開。❺

希波利特的批判矛頭主要指向柏拉圖主義，包括新柏拉圖主義的哲學體系以及它所導致的星象術。

公元325年召開的尼西亞會議確定「三位一體」教義，譴責阿里烏斯派為異端，由此引發了長達一、二百年之久的神學爭論和反阿里烏斯派的鬥爭。阿里烏斯主張聖父、聖子、聖靈是三位神而遭到譴責。這種「三神論」其實和新柏拉圖主義理論有關。在希臘文中，每一位神皆是「本體」(hypostasis)。柏羅丁闡明了「太一」、「心靈」和「靈魂」三個本體的神聖性及其關係。當基督教首先表達「三位一體」教義時，也說聖父、聖子和聖靈是本體或實質(ousia)。這些概念極易與新柏拉圖主義的本體觀相混淆，即使一些反對阿里烏斯派的神學家由於不能區分基督教義中的「本體」、「實質」的意義與新柏拉圖主義相同概念的區分，而被譴責為新的異端。甚至有一

❺ *The Ante Nicene Fathers*, op. cit., vol. V, p.10.

些正統神學家也往往混淆概念而難免犯錯。這種混亂直到用拉丁術語代替希臘術語才逐步消除。這樣一來，新柏拉圖主義的「本體」概念也在神學和哲學詞彙中消失了。我們在第二章第一節已討論了這一概念的翻譯和理解上的困難。從歷史根源上說，這種困難正是新柏拉圖主義思想滲入基督教思想所產生的衝突所造成的結果之一。

雖然新柏拉圖主義與早期基督教的主要異端有如此密切聯繫，但這並不妨礙同時為基督教正統神學提供理論基礎。當代研究新柏拉圖主義的著名學者阿門斯特朗(A. H. Armstrong)對教父時代神學與柏拉圖主義的聯繫有這樣一段論述：

> 基督教柏拉圖主義者或者要求以超越思辨的信仰來充實思辨，或者按柏拉圖主義的理解來思考和擴展信仰。聖奧古斯丁是第一類的傑出代表。但是，那些在正統範圍之內建立起希臘基督教柏拉圖主義傳統的思想家大多屬於第二類：亞歷山大派、卡帕多奇亞派，還有偽迪奧尼修斯大概也屬此類，篤信者聖馬克西姆肯定也在此列。跟隨這些人，尤其是尼斯的聖格列高利、偽迪奧尼修斯和馬克西姆，約翰·司各脫·愛留根納把這種形式的基督教哲學引入西方。❻

此處提及的教父時代基督教哲學和神學的柏拉圖主義傳統帶有鮮明的新柏拉圖主義烙印。上面說到的那些代表人物主要是按照新柏拉圖主義思想來理解柏拉圖的概念和觀點的，並把新柏拉圖主義作為

---

❻ *The Cambridge History of Later Greek and Early Medieval Philosophy*, op. cit., p.425.

柏拉圖學說的主體吸收在基督教哲學與神學之中。我們按此線索追溯新柏拉圖主義在教父時代之影響。

公元三至四世紀，亞歷山大城是最早的基督教神學中心，被譽為「教會的母親和主婦」。亞歷山大派的主要代表人物奧立金是柏羅丁同學，同在阿曼紐斯門下學習哲學。雖然有人認為與柏羅丁同窗的奧立金並不是神學家奧立金，但只是猜測而已，並無確鑿歷史證據可以證明這一懷疑。事實上，如果我們從思想上判斷，可以看出奧立金和柏羅丁有不少相似之處，可以看出他倆有共同的思想來源。奧立金所著《第一原則》是第一部神學著作。他提出應該看出《聖經》字面意義後面隱藏的精神性意義。他說：「聖經是聖靈所著，其意義不僅只是一眼就可以看出的，它還有大多數人都沒有注意的意義。因為這些文字是某種神秘的型相與神聖之物的影像。」❼比如，《聖經》提到上帝的「手」、「臉」、「聲音」等，都是一種隱喻，實際上，上帝是精神的。這一精神存有即新柏拉圖主義所說的「本體」。奧立金首次運用hypothesis這一術語說明基督教的「三位一體」，認為聖父產生聖子「猶如太陽發射光亮」，「只憑自身的本性」。❽奧立金沒有肯定上帝與耶穌基督的同一性，也沒有充分評價耶穌歷史活動的神聖價值，這與他崇尚精神，貶低身體的傾向有關，另外，我們看到，他對「三位一體」的解釋也與柏羅丁的本體論相似，並不完全符合後來確立的正統教義。

在後來展開的關於「三位一體」的神學爭論中，卡帕多奇亞的教父們採用新柏拉圖主義為主要的理性工具進行論證和反駁。但他們已放棄了柏羅丁的本體論，而更多利用存有 (to on, ousia) 論。但

---

❼ *The Ante Nicene Fathers*, op. cit., vol. IV, p.241.

❽ 同上，p.247。

是，他們對創世、世界和人的看法帶有明顯的柏羅丁思想的烙印。比如，尼斯的格列高利把人的靈魂分為「純粹的」和「可感的」兩部分。前者指精神，後者指身體的感覺和情感。他指出，身體和情感本身並不邪惡，它們是在可感世界中保存生命的必要手段。當情感服從於精神性靈魂，被理智所駕馭時，也會成為德性。正如他所說：「激情會產生勇敢的德性，欲望會尋求神聖與不朽。」但是，當情感支配理智時，人的情感便會變成動物的獸欲和肉欲，成為墮落和罪惡的根源。❾更為重要的是，尼斯的格列高利把精神性的靈魂看作是人與神相通的紐帶，它引導人追尋上升之路，包括放棄婚姻、淨化塵念、面對上帝這樣三個階段。在第三個階段，人會進入這樣一個神秘的境界：

> 至樂的觀照，越來越清晰的美，神聖的主逼近在靈魂之前。在超越的境界，新的悅愉層出不窮，每一次都上升到新的高度。❿

我們看到，這裡使用的語言都與柏羅丁的相似。新柏拉圖主義的靈魂復歸上升的觀點是中世紀基督教神秘主義的一個共同特點。

教父思想集大成者奧古斯丁 (St. Augustin) 在未皈依基督教之前，曾一度受新柏拉圖主義影響很深。至於他究竟研讀過哪一些新柏拉圖主義者的著作，史書並無記載。但我們在奧古斯丁著作中不

❾ *The Cambridge History of Later Greek and Early Medieval Philosophy*, p.451.

❿ *The Cambridge History of Later Greek and Early Medieval Philosophy*, op. cit., p.456.

時可看到與柏羅丁相同或相似的論點，不難推測奧古斯丁對柏羅丁著作掌握和理解的廣度和深度。當然，奧古斯丁是把柏羅丁思想加以改造之後放入基督教信仰之中加以理解和發揮。正如他明白地宣稱的那樣：

> 如果那些被稱作哲學家的人，特別是柏拉圖主義者，說了一些確實為真的，與我們的信仰相一致的話，我們不應該害怕，而應該把這些話從它們不正當的手裡拿過來，為我們所用。⓫

奧古斯丁把人的認識排列成一個由外感覺、內感覺、記憶和理智構成的這樣一個由低到高的等級系列。他對人的認知心理過程的分析與柏羅丁十分契合。與柏羅丁一樣，他也十分重視記憶對於知識形成的作用。他說，拉丁文「知識」(Cogitare) 來自動詞「集合」(Cogere)，記憶就是集合各種感覺材料的貯存處。但是，記憶的集合需要按一定規則，這些規則不是人的靈魂自己製作的，而是來自一個永恆真理，即上帝。理性規則和真理是上帝之光在人的靈魂中留下的印跡。奧古斯丁的「光照論」和柏羅丁將太一喻為太陽，將太一對心靈和靈魂的作用說成流溢的論述有著密切親緣關係。另外，奧古斯丁在柏羅丁觀點基礎之上，發展出基督教的神正論。他把惡作為存有的「缺乏」，因而不是上帝創造的結果。靈魂的惡則是「背離本體，趨向非存有……造成存有之中斷」。⓬具體地說，這就是靈魂趨向比

⓫ F. Schaff, (ed.) *A Select Library of the Nicene and Post Nicene Fathers*, vol. II, Buffolo, 1889, p.554.

⓬ 同上，vol. IV, p.70。

自身低級的肉體，而不追求其主宰——上帝，由此產生出倫理的邪惡。當奧古斯丁面臨著「創世之前有無時間」的問題時，他又利用柏羅丁的時間學說，論證可感時間的流逝是隨著世界一同被創造出來的。他把時間定義為上帝心靈的延伸。上帝之心靈是永恆不變的，這是時間的原型，即永恆不變的「現在」。上帝所創造的時間，則按此原型，變成過去、現在和將來的流變。奧古斯丁所說的，正是柏羅丁所謂的「時間是心靈的流動影像」的意思。

新柏拉圖主義在基督教世界的流行，於公元七至九世紀達到新的高潮。在此期間，由於蠻族入侵而遭毀壞的希臘思想從東方的拜占庭帝國，或由英國愛爾蘭，傳入歐洲大陸，其中新柏拉圖主義與隱修士的神秘主義最易於結合，因而新柏拉圖主義成為此時神學理論和靈修實踐的重要思想來源。比如，偽託聖徒迪奧尼修斯的著作對神學作了著名的三重區分，即肯定(cataphatic)神學、否定(apothatic)神學和神秘 (mystic) 神學。肯定神學把上帝作為理念型相的來源來研究神聖屬性，否定神學用類比方法研究神聖實質，神秘神學則用超越的方法研究上帝自身。這是一個由低級到高級的辯證法的上升過程，最後在神秘洞見中體驗到上帝的超越意義。神秘神學是專一的愛與堅韌的苦修，而不是理論知識，但又需要前兩個階段的神學思辨與玄思為基礎，才能上升到神秘的洞見與體驗。這反映了隱修士的思辨、苦行與靈修相結合的生活方式。

篤信者馬克西姆(Maximus)對偽迪奧尼修斯著作作了經典性注釋。他按照新柏拉圖主義的三元結構，把神聖三元詮釋為「存有」、「力量」和「活動」。在神聖三元之下又有心智三元：「定在、善在、永在」，還有可感的偶然三元：「生成、運動、靜止」。人的靈魂拯救過程從可感領域開始，經過心智，最後與上帝融合。馬克西姆從思想到語言都與柏羅丁十分相似，比如，他這樣說：

> 她（靈魂）在純粹觀照中與上帝融合，不用思想、知識或語言，因為上帝不是與她的認識能力相對應的認識對象，而是超越一切知識的一。⑬

在神秘主義的文化氛圍中，九世紀的僧侶愛留根納(John Scotus Erigena)建立了中世紀早期的一個完整的哲學體系。他對「自然」這一概念作了四重區分：能創造而不被創造的自然，能創造而且被創造的自然，被創造而且不能創造的自然，不被創造而且不能創造的自然。第一重自然指造物主上帝，第二重自然指上帝用於創世的理念原型世界，第三重自然指被如此創造出來的自然界，第四重自然指自然界的終極目的，這也是上帝。自然的四重區分同時也是自然的現實運動，即由第一重自然經由第二重到第三重自然的下降運動，再由第三重自然回復第一重自然（等於第四重自然）的上升運動。這一體系表達的實際上是柏羅丁關於本體的創造與復歸的新柏拉圖主義體系。愛留根納的不少觀點，如把上帝說成是超越存有和非存有之活動，把創世說成是「展開」、「流溢」，等等，都直接來自新柏拉圖主義。我們知道，新柏拉圖主義與基督教信仰和教義之間有抵觸之處，只有那些堅持信仰優先的立場來改造新柏拉圖主義的神學者，如奧古斯丁等人，才是正統的。愛留根納和後來一些神秘主義者過份依賴新柏拉圖主義思想，甚至用其術語重新表達教義、信仰，難免被正統教會譴責為異端。

---

⑬ *The Cambridge History of Later Greek and Early Medieval Philosophy*, op. cit., p.504.

十二世紀中期開始，希臘哲學從阿拉伯世界傳入西方。由於阿拉伯哲學家在希臘哲學中特別重視亞里士多德哲學，通過他們著作轉譯為拉丁文的主要是亞里士多德著作及注譯，連新柏拉圖主義者普羅克洛的《神學要義》也被當作亞里士多德著作，以《論原因》為名，譯為拉丁文。柏羅丁的《九章集》四至六卷早在公元九世紀為巴格達的著名翻譯家伊本 · 伊薩克(Ibn Ishaq)以《亞里士多德神學》被譯為阿拉伯文。後來也被誤作為亞里士多德著作譯為拉丁文。十三世紀之後,亞里士多德在基督教創辦的大學裡成為首要哲學家,士林哲學和神學的哲學傳統也開始由柏拉圖主義轉向亞里士多德主義。但是，士林哲學裡的亞里士多德主義並不是古代思想的直接承襲，而是從阿拉伯哲學中轉碾而來的，而阿拉伯世界的「伊斯蘭亞里士多德主義」實際包括柏拉圖主義和新柏拉圖主義成份。正如一位現代研究者所說:「他們相信只有一種哲學，她的兩位大師是柏拉圖和亞里士多德」。⑭正如我們看到的那樣，柏羅丁和普羅克洛的著作在亞里士多德的名義下流傳。另外，猶太哲學家伊薩克 · 以色列(Isaac Israeli)所寫的宣揚新柏拉圖主義的著作《定義之書》兩次被譯為拉丁文，在西方廣泛傳播。

由於上述原因，新柏拉圖主義在士林哲學內仍有新的發展。十三世紀的神學家艾克哈特(Eckhart)按新柏拉圖主義理論模式解釋神與世界和人的關係。他區分了「原神」(Godhead)和「神」。前者是不可言說、不可理解的絕對的超越之神聖本原，「神」則是基督教「三位一體」的上帝。從原神到神，再到世界是「流溢」的過程。世界裡的人通過聖子，特別是肉身化的聖子耶穌基督，通過神秘靈

⑭ 引自 E. Gilson, *History of Christian Philosophy in Middle Ages*, New York, 1955, p.182.

修，使原神在光照中呈現於人的靈魂，並與人的精神性靈魂合一，這是復歸的過程。與愛留根納的體系一樣，艾克哈特的神學也被教宗譴責為異端。

然而，艾克哈特的影響是久遠的。在神學理論方面，他是十五世紀德國哲學家和神學家庫薩的尼古拉(Nikolaus Cusanus)的先驅。尼古拉把上帝說成「無限的一」，世界既是無限的，又是有限的一，事物則是有限的一。人對上帝的認識是「有識的無知」，因為無限是有限的人的有限知識所不能把握的，但人可以用有限類比無限，由有識通達無知。他的論述充滿著一與多，極大與極小，無限和有限的辯證法。從艾克哈特到庫薩的尼古拉，被認作是德國哲學的開始階段。新柏拉圖主義從一開始就孕育在德國哲學之中，這大概可以解釋為什麼後來的德國哲學所具有的思辨性和神秘性，追求統一性和系統性，辯證法思想豐富等等特點。此外，艾克哈特開創的神秘主義靈修學，通過其學生陶勒爾(Tauler)、蘇梭(Henry Suso)和魯斯伯路克(Ruysbroeck)推動，形成廣泛傳播的思潮和實踐。後來，馬丁・路德實行的宗教改革，也有這種思想和社會的背景。

近代西方文明開始於文藝復興時代的人文主義和近代的自然科學。新柏拉圖主義在這兩方面也作出突出貢獻。十五世紀開始意大利出現柏拉圖主義復興運動。在佛羅倫薩設立了柏拉圖學園，其主持人費奇諾(Marsilio Ficino)把《柏拉圖全集》和柏羅丁《九章集》首次由希臘文翻譯為拉丁文，極大推動了柏拉圖主義和新柏拉圖主義的傳播。費奇諾本人思想更接近於新柏拉圖主義。在他構造的宇宙模式裡，包括太一、心靈、靈魂、形式和形體五個基本實體。前三者與柏羅丁本體相同，後兩者則相當柏羅丁的「世界」概念。重要的是，人的靈魂處於宇宙中間地位，他沒有先定的本質，但有向上追求至善和嚮往低一級生命的自由。他用新柏拉圖主義觀點論證了人文主義所推崇的人所特有的自由和尊嚴等價值。

近代自然科學的誕生經歷了長期的歷史進程，很多思想的、文化的和心理的（個人和社會）因素都交織於其中。十五至十六世紀的神秘科學、自然哲學以及天文學的革命性發現對近代自然科學的產生都有不同程度的幫助。科學史和文化史研究成果表明，新柏拉圖主義與這三種類型不同的思維方式都有密切聯繫。神秘科學以占星術、通靈術等活動為主，其理論基礎是相信星光對人的靈魂有超距離的影響力，人與人的靈魂也相互感應，靈魂和肉體的「同情」，所有這些都可以在古代新柏拉圖主義者的著作中找到論證。雖然這些想法帶有幻想和迷信色彩，但神秘科學在實踐這些想法時，卻有著強調和提醒人們要把科學應用於人類福利，利用自然法則為人類服務，這對於把科學從思辨學說中解脫出來，具有歷史進步意義。當時自然哲學從新發現的新柏拉圖主義典籍受到很大啟示。比如，為科學事業而殉身的哲學家布魯諾 (Giordano Bruno) 把上帝解釋為太一，其意義是對立的統一，雜多中的單一，上帝是唯一本體，自然界則是他的自我顯現，自然物是他的偶性。布魯諾用士林哲學的術語，把上帝說成「能生的自然」， 把自然界說成「被生的自然」。按照這些理解，他由上帝的無限性推斷宇宙的無限性。兩者的差別在於，上帝是有限中的無限，宇宙則是有限所構成的無限。這意味著，宇宙包含著無數哥白尼闡明的太陽系，在無限的宇宙沒有中心，也無邊緣。只是在每一個有限世界才有一個中心。人所居住的世界的中心是太陽。地球不是宇宙的中心，人的靈魂也不是自然物的中心。宇宙間充滿著世界靈魂，因此，其他世界和星球也有理性生物，他們的靈魂都是從不同角度反映宇宙的精細實體，即單子。可以說，宇宙間到處都有人一樣的「小宇宙」。布魯諾從新柏拉圖主義出發，利用科學最新成果，同時又超出當時科學水平，達到了現代科學才出現的無限宇宙的觀念。

哥白尼用日心說代替地心說的革命是近代自然科學的重要標誌。據現代學者研究，哥白尼深受當時流行的新柏拉圖主義影響。「太陽」在新柏拉圖主義體系中占有特殊重要地位，它象徵著太一的至善和本原，而可感世界不過是它的影像，受惠於太一流溢出的太陽般的光照。按這種形而上的原則，太陽不可能圍繞地球轉，相反，地球和其他行星一樣，以太陽為永恆的中心。這一假說通過經驗檢驗而被證明為真理。同樣，哥白尼革命的後繼者開普勒發現行星軌道也受到新柏拉圖主義思想啟發。他的老師弟谷・布拉赫早已積累豐富資料，表明行星軌道不是圓形；但弟谷墨守「圓形運動是最完美運動」的傳統觀念，未能提出新理論。開普勒卻從新柏拉圖主義「流溢說」受到啟發。他設想有一種力從太陽中射出，始終控制著周圍行星運行。根據力學計算，在這種狀態下行星運行軌道只能是橢圓，開普勒定律於是就這樣被發現了。這是物理學的一大突破，帶動了整體科學水平的提高。

近代以來，新柏拉圖主義已不再是一個獨立流派，而是與柏拉圖主義一起，偶爾會形成復興景象，比如，十七世紀英國劍橋柏拉圖主義曾經聞名遐邇，對近代理性主義發展貢獻卓著。但在更多情況下，柏拉圖主義在不同派別哲學家著作中以不同面目出現。當代哲學家懷特海十分推崇柏拉圖主義。在近代和現代出現的柏拉圖主義思想中，柏羅丁的很多重要觀點都是不可或缺的重要組成部分。據說，懷特海曾說：

> 我們如要指出西洋哲學史的特徵，至少有一點可說，就是一切的哲學著作，都不過是柏拉圖的注解罷了。⓯

不管這句話是否可信，我們可以確信的是，柏羅丁著作是對柏拉圖思想最成功、最有創造性的最早注解。因此，我們看到，柏羅丁代表的學說對西方哲學、科學，乃至整個文化，都產生如此重要、深刻而又長遠的歷史影響，其中原因大概可在此處可見端倪。

⓯ 引自陳奎德著，《懷特海哲學演化概論》，上海人民出版社，1988年，頁145。

柏羅丁年表

204／205年	出生。出生地可能在上埃及的萊考城(Lycopolis)。
220～230年間	在埃及亞歷山大城受普通教育。
232～242年間	師從阿曼紐斯學習哲學。
242～243年間	參加高迪安 (Gordian) 皇帝遠征波斯的軍隊。失敗後逃回。
244年	來到羅馬。從此在這裡講授哲學。
250年	在皇帝加利恩 (Gallienus) 當政期間，與一些貴族計劃在坎帕尼亞省建立「柏拉圖城」，因未獲皇帝批准而擱淺。
254年	開始寫作《九章集》。
260年左右	完成《九章集》中21章（篇）的寫作。
263	波菲利成為柏羅丁學生。
265年左右	完成《九章集》另外24章（篇）的寫作。
267年	波菲利離開柏羅丁回家鄉養病。
269年左右	完成《九章集》最後9章（篇）的寫作，並寄給波菲利。
270／271年	去世。

301年　　波菲利完成《九章集》的編輯，並寫作《柏羅丁生平》，與《九章集》一起出版。

參考文獻

一、《九章集》版本

1.希臘文

Henry, P. & Schwyzer, H. R., *Plotini Opera*, 3 vols., Edition Universelle (Bruxelles), Desclée de Brower (Paris), E. J. Brill (Leiden), 1951, 1959, 1973.

——, *Plotini Opera*, editio minor, 3 vols., Clarendon (Oxford), 1964, 1976, 1982.

2.拉丁文

Ficinus, M., *Plotini Omnia*, Florence, 1492.

3.德文

Harder, R., *Plotins Schriften*, 7 vols., Flix Meiner (Hamburg), 1956～1971.

4.法文

Bréhier, E, Plotin: *Ennéades*, 7 vols., Les Belles Lettres (Paris), 1923～1938.

Bouiller, M. M., *Plotin Ennéades*, 3 vols., Paris, 1857～1861.

5.意大利文

Cilento, V., *Plotino: Enneadi*, 4 vols., Laterza & Figli (Bari), 1947 ～1949.

6.英文

MacKenna, S., Page, B. S., *Plotinus: The Enneads*, 3rd ed., Faber (London), 1962.

Armstrong, A. H., *Plotinus*, Loeb Classical Library, 7 vols., Harvard, 1966～1988.

二、外文研究專著

Armstrong, A. H., *Plotinus*, Geroge Allen (London), 1953.

——, *The Architecture of the Intelligible Universe in the Philosophy of Plotinus*, Cambridge, 1940.

——, (ed.) *The Cambridge History of Later Greek and Early Medieval Philosophy*, Cambridge, 1967.

——, *Plotinian and Christian Studies*, Variorum (London), 1979.

Atkinson, M., *Enead V. I: On the Three Principal Hypostases*, Oxford University Press, 1983.

Benz, H., *Die Entwicklung des abendländischen Willensbegriffs von Plotin bis Augustin*, Kohihammer (Stuttgart), 1931.

Bigg, C., *The Neo-Plotonists*, London, 1895.

Blumenthal, H. J., *Plotinus' Psychology: His Doctrine of the Embodied Soul*, Martinus Nijhoff (Hague), 1971.

——, (ed.) *Soul and the Structure of Being in Late Neoplatonism*,

Liverpool University Press, 1982.

——, (ed.) *Neoplatonism and Early Christian Thought*, Variorum (London), 1981.

Bréhier, E., *La Philosophie de Plotin*, Boivin (Paris), 1928.

Bröcker, W., *Platonismus ohne Sokrates: ein Vortrag Über Plotin*, Vittorio Klostermann (Frankfurt am Main), 1966.

Büchner, W., *Plotins Möglichkeitlehre*, Amon Puset (Munich), 1970.

Carriere, G., "Man's Downfall in Plotinus", in *New Scholasticism*, 24 (1950), pp. 217～237.

Clark, G. H., "Plotinus' Theory of Sensation", in *Philosophical Review*, 51(1942), pp. 357～382.

De Corte, M., *Aristote et Plotin*, Desclée De Brouwer (Paris), 1935.

Crocker, J. R., "The Freedom of Man in Plotinus", in *Modern Schoolman*, 34(1956), pp. 23～25.

Edman, E., "The Logic of Mysticism in Plotinus", in *Studies in the History of Ideas*, 2 (1925), pp. 51～81.

Emilsson, E. K., *Plotinus on Sense Perception*, Cambridge, 1988.

Fabro, C., "Platonism, Neo-Platonism and Thomism", in *New Scholasticism*, 44 (1970), pp. 69～100.

Findlay, J. N., "The Three Hypostases of Plotinus", in *Review of Metaphysics*, 28(1975), pp. 660～680.

Fuller, B. A. G., *The Problem of Evil in Plotinus*, Cambridge, 1912.

Gerson, L. P., *Plotinus*, Routledge (London), 1994.

Graeser, A., *Plotinus and the Stoics*, E. J. Brill (Leiden), 1972.

Gurtler, *Plotinus: The Experience of Unity*, Peter Lang (New York), 1988.

Harris, R. B., (ed.) *The Significance of Neo-Platonism*, International Society for Neoplatonic Studies (Albany, N. Y.), 1982.

——, (ed.) *Neoplatonism and Indian Thought*, Albany, N. Y., 1982.

Heinemann, F., *Plotin*, 2nd, ed., Felix Meiner (Leipzig), 1973.

Hellemann-E, W., *Soul-Sisters: A Commentary on Enneads IV, 3*, Rodopi (Amsterdam), 1980.

Heiser, J., *Logos and Language in the Philosophy of Plotinus*, Edwin Mellen (Lewiston, N. Y.), 1991.

Jackson, B. D., "Plotinus and the Parmenides", in *Journal of the History of Philosophy*, 5(1967), pp. 315～327.

Katz, J., *Plotinus' Search for the Good*, King's Grown (New York), 1950.

MacKenna, S., *The Essence of Plotinus*, Oxford University Press, 1948.

Meijer, P. A., *Plotinus on the Good or the One (Enneads VI, 9)*, J. G. Gieben (Amsterdam), 1992.

Merlan, P., *From Platonism to Neoplatonism*, Martinus Nijhoff (Hague), 1975.

O'Brien, E., *The Essential Plotinus*, Hackett (Indianapolis), 1964.

——, *Plotinus on the Origin of Matter*, Bibliopolis (Naples), 1991.

O'Daly, G. J. P., *Plotinus' Philosophy of Self*, Irish University Press (shannon), 1973.

Pistorius, P. V., *Plotinus and Neoplatonism*, Bowes (Cambridge),

1952.

Rich, A. N. M., *Plotinus: The Road to Reality*, Cambridge, 1967.

Runia, D. T., (ed.) *Plotinus amid Gnostics and Christians*, Free University Press (Amsterdam), 1984.

Sleeman, J. H. & Pollet, G., *Lexicon Plotinianum*, E. J. Brill (Leiden), 1980.

Steel, C. G. *The Changing Self*, Paleis der Academien (Brussels), 1978.

Turnbull, G., H., *The Essence of Plotinus*, Oxford University Press, 1934.

Wald, G., *Self-Intellection and Identity in the Philosophy of Plotinus*, Peter Lang (Frankfurt am Main), 1990.

Wallis, R. T., *Plotinus and Freedom*, Edwin Mellen (Lewiston), 1990.

Whittaker, T., *The Neo-Platonists*, Thoemmes (Bristol, U. K.), 1993.

Zintzen, C., (ed.) *Die Philosophie der Neuplatonismus*, Buchgesellschaft (Darmstadt), 1977.

三、中文參考書

北京大學哲學系西方哲學史教研室主編:《古希臘羅馬哲學》, 商務印書館 (北京), 1955年。

北京大學哲學系西方哲學史教研室主編:《西方哲學原著選讀》, 上卷, 商務印書館 (北京), 1982年。

苗力田主編:《古希臘哲學》, 中國人民大學出版社 (北京), 1989年。

苗力田主編:《亞里士多德全集》,中國人民大學出版社。

汪子嵩等:《希臘哲學史》,第一、二卷,人民出版社(北京)。

趙敦華:《西方哲學通史》(古代中世紀部分),北京大學出版社,1996年。

趙敦華:《中世紀哲學史》,七略出版社(臺北),1996年。

人名索引

七畫

八畫

九畫

十畫

十一畫

十二畫

十三畫

主題索引

一畫

四畫

五畫

六畫

七畫

八畫

九畫

十畫

十一畫

十二畫

十三畫

十四畫

十五畫

十八畫

十九畫

二十一畫

二十三畫

二十四畫

世界哲學家叢書(一)

書名	作者	出版狀況
孔　子	韋政通	已出版
孟　子	黃俊傑	已出版
老　子	劉笑敢	已出版
莊　子	吳光明	已出版
墨　子	王讚源	已出版
淮南子	李　增	已出版
董仲舒	韋政通	已出版
揚　雄	陳福濱	已出版
王　充	林麗雪	已出版
王　弼	林麗真	已出版
阮　籍	辛　旗	已出版
劉　勰	劉綱紀	已出版
周敦頤	陳郁夫	已出版
張　載	黃秀璣	已出版
李　覯	謝善元	已出版
楊　簡	鄭曉江 李承貴	已出版
王安石	王明蓀	已出版
程顥、程頤	李日章	已出版
胡　宏	王立新	已出版
朱　熹	陳榮捷	已出版
陸象山	曾春海	已出版
王廷相	葛榮晉	已出版
王陽明	秦家懿	已出版
方以智	劉君燦	已出版
朱舜水	李甦平	已出版

世界哲學家叢書（二）

書名	作者	出版狀況
戴震	張立文	已出版
竺道生	陳沛然	已出版
慧遠	區結成	已出版
僧肇	李潤生	已出版
吉藏	楊惠南	已出版
法藏	方立天	已出版
惠能	楊惠南	已出版
宗密	冉雲華	已出版
湛然	賴永海	已出版
知禮	釋慧岳	已出版
嚴復	王中江	已出版
康有為	汪榮祖	排印中
章太炎	姜義華	已出版
熊十力	景海峰	已出版
梁漱溟	王宗昱	已出版
殷海光	章清	已出版
金岳霖	胡軍	已出版
張東蓀	張耀南	排印中
馮友蘭	殷鼎	已出版
湯用彤	孫尚揚	已出版
賀麟	張學智	已出版
商羯羅	江亦麗	已出版
辨喜	馬小鶴	已出版
泰戈爾	宮靜	已出版
奧羅賓多・高士	朱明忠	已出版

世界哲學家叢書（三）

書名	作者	出版狀況
甘地	馬小鶴	已出版
拉達克里希南	宮静	已出版
李栗谷	宋錫球	已出版
道元	傅偉勳	已出版
山鹿素行	劉梅琴	已出版
山崎闇齋	岡田武彥	已出版
三宅尚齋	海老田輝巳	已出版
貝原益軒	岡田武彥	已出版
石田梅岩	李甦平	已出版
楠本端山	岡田武彥	已出版
吉田松陰	山口宗之	已出版
柏拉圖	傅佩榮	排印中
亞里斯多德	曾仰如	已出版
伊壁鳩魯	楊適	已出版
柏羅丁	趙敦華	已出版
伊本・赫勒敦	馬小鶴	已出版
尼古拉・庫薩	李秋零	已出版
笛卡兒	孫振青	已出版
斯賓諾莎	洪漢鼎	已出版
萊布尼茨	陳修齋	已出版
托馬斯・霍布斯	余麗嫦	已出版
洛克	謝啓武	已出版
巴克萊	蔡信安	已出版
休謨	李瑞全	已出版
托馬斯・銳德	倪培民	已出版

世界哲學家叢書（四）

書名	作者	出版狀況
伏爾泰	李鳳鳴	已出版
孟德斯鳩	侯鴻勳	已出版
費希特	洪漢鼎	已出版
謝林	鄧安慶	已出版
叔本華	鄧安慶	已出版
祁克果	陳俊輝	已出版
彭加勒	李醒民	已出版
馬赫	李醒民	已出版
迪昂	李醒民	已出版
恩格斯	李步樓	已出版
馬克思	洪鎌德	已出版
約翰彌爾	張明貴	已出版
狄爾泰	張旺山	已出版
弗洛伊德	陳小文	已出版
史賓格勒	商戈令	已出版
雅斯培	黃藿	已出版
胡塞爾	蔡美麗	已出版
馬克斯·謝勒	江日新	已出版
海德格	項退結	已出版
高達美	嚴平	已出版
哈伯馬斯	李英明	已出版
榮格	劉耀中	已出版
皮亞傑	杜麗燕	已出版
索洛維約夫	徐鳳林	已出版
費奧多洛夫	徐鳳林	已出版

世界哲學家叢書（五）

書名	作者	出版狀況
馬賽爾	陸達誠	已出版
布拉德雷	張家龍	已出版
懷特海	陳奎德	已出版
愛因斯坦	李醒民	已出版
玻爾	戈革	已出版
弗雷格	王路	已出版
石里克	韓林合	已出版
維根斯坦	范光棣	已出版
艾耶爾	張家龍	已出版
奧斯丁	劉福增	已出版
馮・賴特	陳波	已出版
魯一士	黃秀璣	已出版
詹姆士	朱建民	排印中
蒯因	陳波	已出版
庫恩	吳以義	已出版
史蒂文森	孫偉平	已出版
洛爾斯	石元康	已出版
喬姆斯基	韓林合	已出版
馬克弗森	許國賢	已出版
尼布爾	卓新平	已出版